杭州全书编纂指导委员会

主　　任：　王国平

副 主 任：　佟桂莉　　许　明　　张振丰　　张建庭

　　　　　　朱金坤　　董建平　　顾树森　　马时雍

　　　　　　陈春雷　　王金定　　庞学铨　　鲍洪俊

委　　员：　(以姓氏笔画为序)

　　　　　　马　云　　王　敏　　王水福　　王建沂

　　　　　　孔春浩　　刘　颖　　刘建设　　江山舞

　　　　　　阮重晖　　李志龙　　何　俊　　应雪林

　　　　　　张俊杰　　陈　跃　　陈如根　　陈震山

　　　　　　卓　超　　金　翔　　郑翰献　　赵　敏

　　　　　　胡征宇　　聂忠海　　翁文杰　　高小辉

　　　　　　高国飞　　黄昊明　　盛世豪　　章根明

　　　　　　童伟中　　谢建华　　詹　敏

杭州全书编辑委员会

王国平　总主编

章太炎家书

张钰翰　编著

杭州全书总序

城市是有生命的。每座城市，都有自己的成长史，有自己的个性和记忆。人类历史上，出现过不计其数的城市，大大小小，各具姿态。其中许多名城极一时之辉煌，但随着世易时移，渐入衰微，不复当年雄姿；有的甚至早已结束生命，只留下一片废墟供人凭吊。但有些名城，长盛不衰，有如千年古树，在古老的根系与树干上，生长的是一轮又一轮茂盛的枝叶和花果，绽放着恒久的美丽。杭州，无疑就是这样一座保持着恒久美丽的文化名城。

这是一座古老而常新的城市。杭州有8000年文明史、5000年建城史。在几千年历史长河中，杭州文化始终延绵不绝，光芒四射。8000年前，跨湖桥人凭着一叶小木舟、一双勤劳手，创造了辉煌的"跨湖桥文化"，浙江文明史因此上推了1000年；5000年前，良渚人在"美丽洲"繁衍生息，耕耘治玉，修建了"中华第一城"，创造了灿烂的"良渚文化"，被誉为"东方文明的曙光"。而隋开皇年间置杭州、依凤凰山建造州城，为杭州的繁荣奠定了基础。此后，从唐代"灯火家家市，笙歌处处楼"的东南名郡，吴越国时期"富庶盛于东南"的国都，北宋时即被誉为"上有天堂，下有苏杭"的"东南第一州"，南宋时全国的政治、经济、科教、文化中心，元代马可·波罗眼中的"世界上最美丽华贵之天城"，明代产品"备极精工"的全国纺织业中心，清代接待康熙、乾隆几度"南巡"的旅游胜地、人文渊薮，民国时期文化名人的集中诞生地，直到新中国成立后的湖山新貌，尤其是近年来为世人称羡不已的"最具幸福感城市"——杭州，不管在哪个历史阶段，都让世人感受到她的分量和魅力。

这是一座勾留人心的风景之城。"淡妆浓抹总相宜"的"西湖天下景"，"壮观天下无"的钱江潮，"至今千里赖通波"的京杭大运河（杭州段），蕴涵着"梵、隐、俗、闲、野"的西溪烟水，三秋桂子，十里荷花，杭州的一山一水、一草一木，都美不胜收，令人惊艳。今天的杭州，西湖成功申遗，中国最佳旅游城市、东方休闲之都、国际花园城市等一顶顶"桂冠"相继获得，杭州正成为世人向往之"人间天堂"、"品质之城"。

这是一座积淀深厚的人文之城。8000年来，杭州"代有才人出"，文化名人灿若繁星，让每一段杭州历史都不缺少光华，而且辉映了整个华夏文明的星空；星罗棋布的文物古迹，为杭州文化添彩，也为中华文明增重。今天的杭州，文化春风扑面而来，经济"硬实力"与文化"软实力"相得益彰，文化事业与文化产业齐头并进，传统文化与现代文明完美融合，杭州不仅是"投资者的天堂"，更是"文化人的天堂"。

杭州，有太多的故事值得叙说，有太多的人物值得追忆，有太多的思考需要沉淀，有太多的梦想需要延续。面对这样一座历久弥新的城市，我们有传承文化基因、保护文化遗产、弘扬人文精神、探索发展路径的责任。今天，我们组织开展杭州学研究，其目的和意义也在于此。

杭州学是研究、发掘、整理和保护杭州传统文化和本土特色文化的综合性学科，包括西湖学、西溪学、运河（河道）学、钱塘江学、良渚学、湘湖（白马湖）学等重点分支学科。开展杭州学研究必须坚持"八个结合"：一是坚持规划、建设、管理、经营、研究相结合，研究先行；二是坚持理事会、研究院、研究会、博物馆、出版社、全书、专业相结合，形成"1+6"的研究框架；三是坚持城市学、杭州学、西湖学、西溪学、运河（河道）学、钱塘江学、良渚学、湘湖（白马湖）学相结合，形成"1+1+6"的研究格局；四是坚持全书、丛书、文献集成、研究报告、通史、辞典相结合，形成"1+5"的研究体系；五是坚持党政、企业、专家、媒体、市民相结合，形成"五位一体"的研究主体；六是坚持打好杭州牌、浙江牌、中华牌、国际牌相结合，形成"四牌共打"的运作方式；七是坚持权威性、学术性、普及性相结合，形成"专家叫好、百姓叫座"的研究效果；八是坚持有章办事、有人办事、有钱办事、有房办事相结合，形成良好的研究保障体系。

《杭州全书》是杭州学研究成果的载体，包括丛书、文献集成、研究报告、通史、辞典五大组成部分，定位各有侧重：丛书定位为通俗读物，突出"俗"字，做到有特色、有卖点、有市场；文献集成定位为史料集，突出"全"字，做到应收尽收；研究报告定位为论文集，突出"专"字，围绕重大工程实施、通史编纂、世界遗产申报等收集相关论文；通史定位为史书，突出"信"字，体现系统性、学术性、规律性、权威性；辞典定位为工具书，突出"简"字，做到简明扼要、准确权威、便于查询。我们希望通过编纂出版《杭州全书》，全方位、多角度地展示杭州的前世今生，发挥其"存史、释义、资政、育人"作用；希望人们能从《杭州全书》中各取所需，追寻、印证、借鉴、取资，让杭州不仅拥有辉煌的过去、璀璨的今天，还将拥有更加美好的明天！

是为序。

王国平

2012年10月

出版说明

　　余杭，于公元前 222 年（秦王政二十五年）置县，历史悠久，文化底蕴十分深厚。良渚文化实证的 5000 年文明历史，为余杭留下了丰富的历史文化资源。为把这笔得天独厚的"文化财富"挖掘出来，发扬光大，成为激励余杭人民继续创造辉煌的不竭源泉，从 2008 年开始，余杭区委、区政府组织相关部门和专家学者，对余杭历史文化进行了一次比较系统的整理研究，并提炼梳理为历史文献、良渚文化、运河文化、径山禅茶文化、西溪文化、南湖文化、民间文化、历代诗词、文化名人等九大系列，历经两年于 2009 年编辑出版了 9 卷 56 册 1500 余万字的《余杭历史文化研究丛书》，第一次将余杭的历史文化比较全面系统地介绍给读者。

　　此后，以研究、发掘、整理和保护杭州传统文化、本土特色文化为主的杭州学研究工作启动，并将编纂出版《杭州全书》作为发布杭州学研究成果的重要载体。2011 年 3 月，杭州城市学研究会余杭分会成立后，根据区委、区政府的意见，陆续组织力量对余杭历史文化作进一步的深入发掘，新的研究成果不断推出。

　　为了让这些新的研究成果得以面世、传承，继续介绍给那些关心余杭、研究余杭、热爱余杭的读者，作为大杭州的一部分，余杭分会按照杭州城市学研究会的统一部署，将余杭历史文化研究的新成果纳入到《杭州全书》的编纂出版体系之中，并按照《杭州全书》确定的编纂体系编辑出版，同时也算作《余杭历史文化研究丛书》的续篇，以飨读者。

杭州城市学研究理事会余杭分会

2014 年 11 月

目　录

前 言

章太炎（1869 年 1 月 12 日—1936 年 6 月 14 日），原名炳麟，字枚叔。后因慕顾炎武之为人，改名绛，别号太炎。浙江余杭人。自幼受外祖、父影响，萌生民族主义意识，矢志反清，曾大骂光绪皇帝为“小丑”，因此入狱三年。被释后东渡日本，主持同盟会机关报《民报》，宣扬民主共和思想，促进了辛亥革命的诞生，与孙中山、黄兴并称“辛亥三杰”。中华民国成立后，宣扬“革命军兴，革命党消”，主张共和制，曾被袁世凯软禁三年。后支持联省自治。晚年主张抗击日本侵略。

章太炎早年入诂经精舍，从德清俞樾学，习古文经学，上溯高邮二王父子，号为清代朴学殿军。作《文始》《小学答问》等书，开创近代之语言文字学。入西牢以后，精研佛学，后以唯识学解《庄子・齐物论》，建立“齐物”哲学。家世中医，性又嗜医学。其一生著述，涵盖了国学的大部分，为举世公认的国学大师。讲学近四十年，其弟子如鲁迅、周作人、黄侃、钱玄同、朱希祖、王仲荦、姜亮夫，等等，都成为后来中国思想史和学术史上的大人物。

以上对章太炎的简单介绍，反映的是一个“革命家”和“国学大师”的形象，似乎让普通人望而生敬，甚至望而生畏。但实际上，章太炎并不是一个板起面孔、严肃端坐的“腐儒”，也不是一个不通人情、不讲道理的“疯子”，而是一个有真性情的活生生的“人”！这一点，其实是以往我们认识或者研究历史人物时容易忽略的。

在家庭生活中，最能够体现章太炎的“人情味”。章太炎先娶王氏，生了三个女儿。长女章叕（lǐ），婿龚宝铨；次女章叕（zhuó），过继给长兄章篯；三女章㠭（zhǎn），字㲭（穆）君，婿朱镜宙。王氏于 1903 年去世。1913

年，在孙中山秘书张通典的介绍下，章太炎娶汤国梨为妻，生长子章导，次子章奇。

据传说，章太炎曾经在报纸上公开征婚，提出择偶的几项要求：

一、以湖北籍女子为限
二、须文理清顺（能作短篇）
三、大家闺秀

又有人在上述三项之后补充了两点：

四、要不染学堂中平等自由之恶习
五、有从夫之美德

或者有人以为后两点应该是另外的要求：

六、要出身于学校，双方平等自由，保持美德
七、反对女子缠足，丈夫死后，可以再嫁。夫妇不和，可以离婚

由于这一事件被视作"现代征婚广告之滥觞"，而章太炎又是近代最激烈的革命者和国学大师之一，"章太炎征婚"便成为流传甚广的故事，很多传记也特别记载此事，为号为"疯子"的章太炎又增添了一出喜剧色彩。

但章太炎究竟是否刊登了征婚广告呢？章念驰先生说是没有的。而据谢樱宁（怀疑应该是"撄宁"，出自《庄子·大宗师》。《聊斋志异》里面的"婴宁"，应该也是这个来历。指的是一种心灵不受外物纷扰的境界。）在《章太炎年谱摭遗》里面的说法，谈到这件事的，基本上都是辗转抄撮，对于"广告"原始发表的报刊、时间，则语焉不详，只有陈存仁的说法明确提到了是在《顺天时报》上。谢氏翻过不全的《顺天时报》，却并没有发现所谓的"征婚广告"，但出于历史学家的审慎，也并没有完全否认。更进一步，谢氏明确了两点：第一，章太炎有可能发布"广告"的时间，只有癸卯年（1903）初妾王氏去世后至"苏报案"下狱（1913 年 6 月 30 日）之间和武昌起义成功章

太炎回国后两个时间段，而以后者可能性更大。第二，由于章太炎在辛亥前的文章《平等难》中反对"齐男女"，民国后又主张"婚姻制度宜仍旧"，所以"广告"内容不可能有上述六、七的内容。

至于其他几条呢，从后来章太炎与汤国梨结婚来看，汤国梨是乌镇人，第一条便不符合要求了。汤国梨还是务本女塾师范学校毕业，有新思想，曾参与革命募捐活动，自然属于新式女子，后面两条也不符合；中间两条，则是名副其实，甚至不止于"文理清顺"而已。总体来看，后面四条，大概还是符合章太炎的思想的。而以湖北籍女子为限，却是很有些莫名其妙。这里我做一个猜想，特意提到"湖北"，可能原因在于二人订婚之时章太炎正在武昌，而武昌又是首义之区，革命之火的燃烧地，所以便有了这样一种显示章太炎"革命性"的传言。

汤国梨先生晚年也曾对人比较详细地谈过她所知道的章太炎，由胡觉民整理，一种分两次发表在上海《文史资料选辑》上，题作《汤国梨谈章太炎》，一种发表在苏州《文史资料选辑》第 7 辑上，题作《太炎先生轶事简述》。在这段叙述里面，汤先生介绍了她与章太炎的成婚经过。

> 我是浙江吴兴乌镇人。三十岁时，由上海务本女塾师范同学张默君的父亲、同盟会会员张伯纯（通典）先生介绍，与章太炎结婚。……我和太炎结婚之前，彼此并未见过面。一九一三年五月，太炎在武昌与黎元洪商议"二次革命"时，来信向我求婚。当时张默君曾征求我意见，说双方是否要先见面谈谈。我对这项婚事，没有表示反对，就算已经同意，所以感到没有见面必要，便定下来了。我在求学时，即已参加各种社会活动，对当时知名人物多少有所了解，关于择配章太炎，对一个女青年来说，有几点是不合要求的。一是其貌不扬，二是年龄太大（比我长十五岁），三是很穷。可是他为了革命，在清王朝统治时即剪辫示绝，以后为革命坐牢，办《民报》宣传革命，其精神骨气与渊博的学问却非庸庸碌碌者所可企及。我想婚后可以在学问上随时向他讨教，便同意了婚事。当时办婚事，男方需要先送四色聘礼，象太炎这样有声望的人，聘礼自不当轻，可是他只知闹革命，生活一直不富裕，便将自己所受的一枚勋章也作聘礼，凑满四色。

在后者所刊登的版本里，还有这样一段话："无如婚后的章太炎，渐以夫权凌人。始知其已逝世之妾王氏，虽与生有女儿三人，稍不遂意，即遭其凌辱。所以太炎除老丑穷，脾气也很坏。"但从本书所收章太炎与汤国梨的近百封书信里面，看到的却是绵绵情意，是浓浓的关爱，完全看不到夫权的盛气凌人。比如寄信多而收信少，章太炎便"存想无极，镜中对影"，"眷念既深，夜不成寐"。收到回信和照片，又"珍于拱璧"，"聊伴岑寂"。关心夫人生活，极其细心，"少餐瓜果，勿当风偃寝"，"冬春之间，火须少近，芦菔（即萝卜）、橄榄宜常服，以免时疫"。如此种种，颇有琴瑟和鸣之意。

本书中所收章太炎致汤国梨的第一封信，应该算是一封"订婚信"，对于二人成婚的经过，倒颇有补充说明。先录全文如下：

志莹女士左右：

昨接电，述张君伯纯示语，知左右不遗葑菲，诺以千金，不胜感忭。江左、浙西文学凋敝，荐历岁年，赖左右昌明诗礼，为之表仪。不佞得以余闲，亲聆金玉，慰荐无量。迩来人事烦忧，劳于征役，自沪抵鄂，又几二旬，诸所规谋，未能大定。黎公属赴燕都，有所箴戒。以规为瑱，又在意中。亦因官事便蕃，宜有措置。幸而克济，东隅保障，不敢不勉。若佞谀阻梗，且作别图。握手之期，当非甚远。先上约指二事，以表璞诚。临颖拳拳，不胜驰系。初夏气暖，动定自卫。

章炳麟鞠躬

五月二十六日

由此信可见，第一，章、汤二人的婚事，张通典确为冰人。第二，虽然有客套的成分在内，章太炎对汤国梨最满意和欣赏的地方，在于汤国梨在文学方面颇有成绩。第三，按章太炎的想法，不久就可以成婚，而在此之前，他需要先完成黎元洪的嘱托，去北京一趟。据汤志钧《章太炎年谱长编》，章太炎此次在京7天，随后于6月4日离京，8日抵沪，至15日便举行了婚礼，倒真符合报章所言之"急式婚礼"。第四，作为订婚，章太炎先送上了两枚戒指，至于汤国梨所述的四色彩礼，不知婚礼前的一周是否补上。

至于 6 月 15 日的"婚礼",正属于当时流行的"文明婚礼"。《神州丛报》第一卷第一册对此有详细的介绍:

> 章太炎先生与汤国黎女士,于六月十五日假哈同花园结婚。哈同园为沪上最著之名园,风景宜人,点缀得法,以天演界(园中之剧场)为礼场。园主哈同君及其夫人,暨黄宗仰君,亲为布置,华美绝伦。午后三时,举行婚礼。由蔡元培君证婚,张通典、沈善保二君为介绍人,沈定一君及杨季威、边镜宏二女士为男女傧相。乐声洋洋,秩序肃穆。男女来宾之盛,为前此所未有,达二千余人。男宾中,若孙中山、黄克强、陈英士、胡经武诸君,女宾中若岑云阶夫人、蔡子民夫人、张默君、舒蕙贞诸女士,均先后莅至。其结婚证书为某名士所撰,词曰:"盖闻梁鸿择配,惟有孟贤;韩姞相攸,莫如韩乐。泰山之竹,结箨在乎山阿;南国之桃,宝贵美其家室。兹因章炳麟君与汤国黎女士,于民国二年六月十五日举行婚礼,媒妁既具,伉俪以成。惟诗礼之无愆,乃德容之并茂。元培忝执牛耳,亲莅鸳盟,祢以齐言,申之信誓。佳耦立名故曰配,邦媛取义是曰援。所愿文章黼黻,尽尔经纶;玉佩琼琚,振其辞采。《卷耳》易得,官人不二乎周行;松柏后凋,贞干无移于寒岁。此证。"(按,此实为章太炎自撰。)是夕,太炎先生、国黎女士假一品香燕客,履舄杂沓,铣筹交错。由张默君、杨季威、边镜宏诸女士提议,要求新人三事:(一)即席赋诗,以二十分钟为限。(二)作大字八,置诸壁间,以觇远视之目力。(因太炎短视。)(三)新人各作滑稽谈,以博来宾欢笑为度。太炎先生乃即席赋诗云:"吾生虽稊米,亦知天地宽。振衣涉高冈,招君云之端。"国黎女士录其旧作《隐居诗》云:"生来淡泊习蓬门,书剑携将隐小村。留有形骸随遇适,更无怀抱向人喧。消磨壮志余肝胆,谢绝尘缘慰梦魂。回首旧游烦恼地,可怜几辈尚争存。"对额挥毫,清新敏捷,传观来宾,咸表钦佩。其余二事,亦皆一一履行。复由某女宾要求太炎先生赋诗以谢介绍人,先生许之,即席成诗一首云:"龙蛇兴大陆,云雨致江河。极目龟山峤,于今有斧柯。"众宾欣赏,尽欢而散。

看起来,这套婚礼程序跟今天也差不多。有人证婚,有伴郎伴娘,有伴娘给新郎出难题——不过这些难题，比今天可要雅得很。当时行"文明婚礼"的，大多是受过东西洋影响的读书人，基本的品位大概还是有的。而从留下来的照片来看，章太炎也并没有像有的说法那样，特地穿了明朝的宽袍大袖以显示"民族"立场，而是穿着西式礼服、皮鞋，新娘也是头戴婚纱，主张"婚姻制度宜仍旧"的章太炎，从头到脚，采用的却是现代西式的婚礼模式。由此可见章太炎是知道"礼以时为大"而不斤斤计较于仪式的，并不是一个食古不化的"老顽固"。

与夫人汤国梨

一

志莹女士左右①：

昨接电，述张君伯纯②示语，知左右不遗葑菲③，诺以千金，不胜感忭④。江左、浙西文学凋敝，荐⑤历岁年，赖左右昌明诗礼⑥，为之表仪。不佞得以余闲，亲聆金玉，慰荐无量⑦。迩来人事烦扰，劳于征役，自沪抵鄂，又几二旬，诸所规谋，未能大定。黎公⑧属赴燕都⑨，有所箴戒。以规为瑱⑩，

---

① 左右：旧时书信中称对方。不直呼姓名，仅称其左右以表示敬意。

② 张伯纯（1859—1915），名通典，号天放楼主，湖南湘乡人。曾与章太炎一起在上海发起救国会，民国建立后曾任孙中山临时大总统府秘书、秘书处军事组组长。其女张默君，与汤国梨为上海务本女校同学。

③ 葑菲（fēng fēi）：《诗经·邶风·谷风》："采葑采菲，无以下体。""葑""菲"都是菜名，葑，即芜菁，又名蔓菁；菲，即萝卜，亦叫芦菔、芦萉、蒠葵、莱菔等。葑与菲根茎和叶均可供食用。后用"葑菲"表示尚有一德可取的意思。此处谦指汤氏不嫌弃自己，许诺婚配。

④ 忭（biàn）：喜乐。

⑤ 荐：再，又，接连。

⑥ 诗礼：指《诗经》和三礼（《礼仪》《周礼》《礼记》），亦泛指儒家经典。昌明诗礼，旧时多用此指振兴儒家文化。

⑦ 慰荐：即慰藉。《汉书·匈奴传下》："（匈奴）既服之后，慰荐抚循，交接赂遗，威仪俯仰，如此之备也。"无量：没有限量，没有止境。《左传·昭公十九年》："今宫室无量。"

⑧ 黎公：指黎元洪（1864—1928），字宋卿，湖北黄陂人。黎氏武昌起义后被推为湖北都督，中华民国临时政府成立，任临时副总统。袁世凯为大总统，又为副大总统。章太炎将黎元洪视作革命党的重要代表和"正统"所在，所以一直对黎元洪予以支持。黎元洪也对章太炎表示尊礼，二人关系较为密切。

⑨ 燕都：指北京。袁世凯就任大总统后，黄兴等希望依靠正式国会改选总统。1913年3月20日，宋教仁被暗杀于上海，黎元洪自危，请章太炎进京见袁世凯探听口风。

⑩ 以规为瑱：比喻听不进劝告。《国语·楚语上》："赖君用之也，故言。不然，巴浦之犀犛兕象，其可尽乎！其又以规为瑱也。"规，规劝的话；瑱，古人用作塞耳的玉石，一般在冠冕上垂在两侧。

志塋女士左右：昨接電述張君伯純示語
知左右不遺蒼蓬謀此千金不勝感忭
江左浙西文學彫敝孝歷歲年賴左
右昌明諸禮為之表儀不倭得已餘閡
覩聆金玉慰藉無量邇來人事煩憂勞
於征役自滬抵鄂又幾二旬諸所規謀
未能大定黎公屬赴燕都有所箴戒

呂規為瑱又杜畫中乖固官事便蕃空
有措置幸而克濟束隅係障不敢不勉
若倭談阻梗且作別圖握手之期當非甚
遠先上約指二事居表璞誠臆穎牽二不
勝馳系初夏氣煖動定自衛　章炳麟拜
朏　五月二十六日

湖北都督府公用牋

章太炎致汤国梨的第一封信
（时间：1913 年 5 月 26 日）

又在意中。亦因官事便蕃①，宜有措置。幸而克济②，东隅保障③，不敢不勉。若佞谀阻梗，且作别图。握手之期，当非甚远。先上约指④二事，以表璞诚。临颖⑤拳拳，不胜驰系⑥。初夏气暖，动定自卫。

章炳麟鞠躬

五月二十六日

【解说】此信作于1913年5月26日，为章太炎致汤国梨的第一封信，也可以说是二人的定婚书。经过汤国梨同学张默君之父张通典的介绍，章、汤二人对婚事均表示同意。由此信可见，章太炎欣赏汤国梨的地方，在于她是一位有相当文化修养的新式女性。随此信同时寄给汤国梨的，还有两枚戒指，是章太炎表示诚意的"定情信物"。

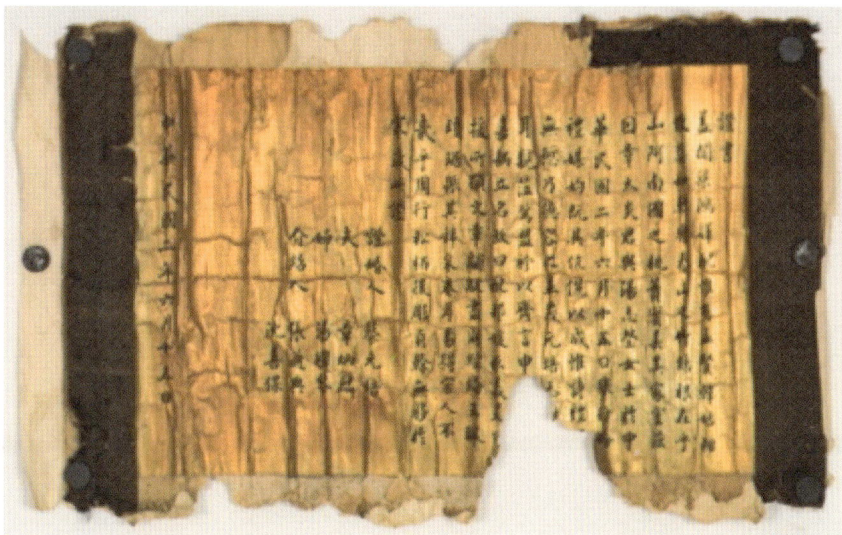

章太炎与汤国梨证婚书（证婚人：蔡元培；介绍人：张通典、沈善保）

---

① 便蕃：亦作"便烦""便繁"，频繁、屡次。《左传·襄公十一年》："乐只君子，福禄攸同，便蕃左右，亦是帅从。"杜预注："便蕃，数也。言远人相帅来服从，便蕃然在左右。"
② 克济：克，能够；济，渡过，引申为成功。
③ 隅（yú）：边，角落。东隅，指东边，此处指东南地区。
④ 约指：即戒指。三国魏繁钦《定情诗》："何以致殷勤？约指一双银。"
⑤ 颖：指笔端。临颖，指用笔书写之际。
⑥ 驰系：驰，向往；系，系念，牵挂。

章太炎致汤国梨信（1913 年 8 月 11 日）

在信中，章太炎还介绍了自己当时所从事的事业。中华民国成立之后，章太炎奔走南北，谋求中华民国真正之共和。1913 年 1 月 10 日，按照 1912 年 3 月颁布施行的《中华民国临时约法》的规定，发布正式国会召集令，将由国会制订出宪法，再根据宪法制订总统选举法，据以选举总统，产生政府。当时，袁世凯颇不得人心，而国民党等谋求通过选举将袁世凯赶下台。3 月 30 日，宋教仁遇刺身亡，引发反袁浪潮。或主张武力驱袁，或主张以合法途径实现目标，章太炎即后者之代表。5 月上旬，章太炎赴武汉见黎元洪，劝其参与总统竞选。黎元洪以宋教仁遇刺，担心自己受到暗害，并未答应。同时，希望章太炎进京面见袁世凯，劝其整顿人心，不要有复辟帝制之妄想。章太炎遂于 5 月底入京，停留 7 日，至 6 月 4 日返回上海。

二

汤夫人左右：

不佞初十日抵津，已有电报。十一早入京，驻化石桥共和党①本部。都下戒严，人情汹扰。闻南京又倡独立②，翻云覆雨，可谓出人意表。吴淞恐有大战，家居务宜戒慎。一切可询问严先生，庶无惶遽不安之事。夏秋代嬗，天气新凉，宜自珍重，勿多啖瓜果凉水、开窗当风而卧。临纸神驰，思子无极③。

章炳麟鞠躬
十一日夜

---

① 共和党：1912 年 5 月 9 日成立于上海。由统一党、民社联合国民协进会、民国公会、国民党（非同盟会系统）合并而成。该党以"防止小党分裂，便利政务进行，实行共和政治"为宗旨。其政纲是：①保持全国统一，采取国家主义；②以国家权力，扶持人民进步；③应世界之大势，以和平实利立国。黎元洪为理事长，张謇、章太炎、伍廷芳、那彦图、程德全等为理事，汤化民、刘成禺、林长民等 50 多人为干事。本部设在北京，上海设驻沪机关，全国各地设支部。章太炎为原统一党理事（该党不设理事长），参与组建共和党后不久又退出，重新独立为统一党，任理事。1913 年，共和党、统一党和民主党合并组成进步党，但一部分人不同意合并，另行组织新共和党，章太炎为理事。
② 1913 年 7 月 8 日，李烈钧成立讨袁军，宣布江西独立，于 12 日向进驻九江的北洋第六师发动进攻，拉开了"二次革命"的战幕。15 日，黄兴在南京宣布江苏独立。随后安徽、上海、广东、福建、湖南，以及重庆等地也相继宣布独立，加入讨袁行列。以江西、江苏为主要战场的"二次革命"全面爆发。但北洋军迅速进攻独立各省，并很快取得了压倒性的军事胜利。7 月 28 日，黄兴看到大局无望，遂离开南京出走，讨袁军全局动摇，各地相继取消独立。8 月 8 日，国民党人、原上海《民权报》记者何海鸣自任江苏讨袁军临时总司令，率南京第八师部分下级军官及士兵重新举旗讨袁，宣布恢复独立。
③ 无极：没有穷尽。

【解说】此信作于 1913 年 8 月 11 日。自北京返沪之后，6 月 15 日，章太炎与汤国梨在上海哈同花园举行新式文明婚礼。而后赴杭州西湖短暂"度蜜月"，随即返回上海。不久，反对袁世凯的"二次革命"爆发，但很快失败。此时，章太炎决定冒险进京，主持共和党事务，希望在国会选举总统等活动中，在制度规定的范围内以合法途径促成总统改选，袁世凯下台，从而为进一步建设一良好政府、实现中华民国之和平奠定基础。当时，北洋军队在对南方宣告独立各省的军事中刚刚取得胜利，而 8 月 8 日上海又宣告独立，政局并不平稳，因此北京的氛围也比较紧张。

章太炎新婚不到两月，即为其事业而离家，与夫人睽隔两地。当时立秋刚过，章太炎在信中，对夫人谆谆告诫当如何注意身体，细致到叮嘱她不要饮用寒凉的食物，睡觉不要受风，可见其对夫人的关爱之情。新婚即别，原属无奈，而"思子无极"，进京当夜即致信问候，相思之情溢于言表。

章太炎与汤国梨在上海举行婚礼

三

汤夫人左右：

十一日到京，即付快信一函，当可收到。迩来共和党甚相亲爱，而进步①、保皇诸派时腾谤词，大抵政府使之也。袁公②假意派兵保护，已力却之。天气新凉，起居宜慎，时时弈棋、打毬③，借以排闷，并令血脉和调，是为要务。如欲浏览书籍，案上所庋④皆可翻观，但每阅一册毕后，当仍归部案耳。吴淞兵事已解，沪上当无他虑。南京情状变幻百端，如有所闻，幸书以示我也。书此，敬问起居万福。

章炳麟鞠躬
八、十四日

滌宣先生⑤并候。
外与剑侯⑥一函。

---

① 进步党：1913 年 5 月，袁世凯在背后推动、梁启超出面促成，共和党、统一党、民主党合并为进步党，举黎元洪为理事长。梁启超、汤化龙、张謇、伍廷芳、那彦图、孙武、王揖唐、蒲殿俊、王印川 9 人为理事。进步党宣布的组党宗旨有二：一、"欲将全国政治导入轨道"；二、"欲造成一种可为模范之政党"。具体政纲有三：一、"采取国家主义，建设强善政府"；二、"尊重人民公意，拥护法赋自由"；三、"顺应世界大势，增进平和实利"。实质是通过联合袁世凯，与开明人士结成联盟，建立强固的、开明专制的中央政权，然后在此基础上实行政治改造，逐步确立完善的民主共和制。

② 袁公：指袁世凯（1859—1916），字慰亭（又作慰廷），号容庵、洗心亭主人，河南项城人，故人称"袁项城"。早年发迹于朝鲜，归国后在天津小站训练新军。清末新政期间积极推动近代化改革。辛亥革命期间逼清帝溥仪退位，以和平的方式推翻清朝，成为中华民国临时大总统。1913 年镇压"二次革命"，同年当选为首任中华民国大总统，1914 年颁布《中华民国约法》，1915 年 12 月宣布自称皇帝，改国号为中华帝国，建元洪宪，史称"洪宪帝制"。此举遭到各方反对，引发护国运动，袁世凯不得不在做了 83 天皇帝之后宣布取消帝制。不久病逝。

③ 打毬：即踢蹴鞠。

④ 庋（guǐ）：收藏。

⑤ 滌宣先生：即严庚，字滌宣，浙江吴兴人。曾留学日本，加入同盟会。辛亥革命后曾任吴兴军政府秘书长。1920 年代曾列名发起成立中国学会。辑录《吴兴严氏艺文志略》二卷，有《括瓷诗集》。下文"严先生"当均指严庚。章太炎曾有《赠严滌宣》："钓鱼仍作客，买菜岂求多。为问钤山子，当如老祖何？"

⑥ 剑侯：即沈定一（1883—1928），又名沈崇焕，本名宗传，字叔言，又字剑侯，号玄庐，浙江萧山人。留日时加入同盟会，在武昌起义后参加光复上海，担任浙江省议会议员。"二次革命"失败后流亡日本，1916 年回国，当选第二届浙江省议会议员。1919 年，与李汉俊、戴季陶创办《星期评论》。1920 年，与陈独秀等发起组建马克思主义研究会，后在家乡衙前兴办农村教育，领导农民运动。1923 年加入国民党，任候补执委，1923 年孙中山逝世后破坏国共合作，1927 年"四·一二"后任浙江反省院院长，清党委员会党务委员。1924 年与陈望道、林风眠、潘天寿等一起创办了"浙江艺专"（中国美术学院前身）。1928 年，被蒋介石派人暗杀。

【解说】 此信作于 1913 年 8 月 14 日。一方面，向夫人汇报了在京的基本情形，自己所在的共和党，因为清除了依附支持袁世凯者，所以更加团结，进步党和保皇派则为了在国会中发挥更大影响力，则大肆攻击国民党、共和党等；另一方面，信中还对夫人的家居生活提出建议，如下棋、踢蹴鞠，不仅可以排遣烦闷，还有助于身体健康。另外，当时还属于南北对立状态，章太炎也希望夫人在来信中介绍一下南方的情形。

早年汤国梨在上海

四

汤夫人左右：

别已旬日，思子为劳。前寄二书，计已收到。迟迟未复，存想无极，镜中对影，幸弗含啼①也。不佞抵京七日，以外有谗慝②，居常杜门③。惟共和党势渐扩张，此为可喜。进步党诸佞人，亦日以衰退矣。吴淞战罢，浙军与北军，又不相能④。闸北一带，得无骚扰？君平居何以自遣？围棋宜习，书史常翻。须一二十日后归来，视君文艺，又当刮目相看也。白露渐零，天气

---

① 幸弗含啼：弗，不要。含啼，即含悲，南朝梁萧大圜《竹花赋》："附紫笋以含啼。"隋江总《秋日新宠美人应令》诗："翠眉未画自生愁，玉脸含啼还似笑。"

② 谗慝（chán tè）：邪恶的人或言论。《左传·僖公二十八年》："非敢必有功也，愿以间执谗慝之口。"章太炎进京后，为袁世凯及其党羽所深忌，不仅被监视，还受到报纸的污蔑。如《民立报》1913 年 8 月 18 日载"章太炎前日到京，大为袁世凯所注目，赵秉钧派四巡警出入监视"。又 8 月 20 日载"袁、赵、梁（士诒）、陈（宧）忌章太炎甚深，除派四巡警出入监视外，又授意御用党报百端污蔑"。又 8 月 23 日载"梁士诒因章太炎首斥其奸，目为四凶之一，切齿愤恨，日与赵秉钧、王赓聚议倾陷之策，闻将捏造证据，置章于死"。

③ 杜门：闭门。《国语·晋语一》："谗言益起，狐突杜门不出。君子曰：善深谋也。"狐突，晋献公重耳的外祖父，二子狐偃、狐毛随重耳流亡。晋怀公命其召二子回，答以"子之能仕，父教之忠"；"父教子贰，何以事君？"遂被杀。

④ 能：亲善。

凉冽，龙须①早去，珍重自爱。

炳麟鞠躬

八、十七日夜

【解说】此信作于1913年8月17日。此时，章太炎还以为一二十天之后就可以返家，还在期待回家后与夫人诗文唱和、琴瑟调和之乐，不料竟至一别三年。

五

汤夫人左右：

得十二日书。君但知京路崎岖，未知浙路更崎岖也。保皇余孽广布浙西，而军士亦惟以虏掠奸淫为目的。其所以折②人者，不在杀戮之威，惟是狡猾无赖，侮人取胜，道途盘诘，即其一端。恐更有过于是者。来书云当往乌镇，鄙意决不赞成，愿更就严先生商之。

炳麟鞠躬

八、十八日

【解说】此信作于1913年8月18日。此时，章太炎终于收到汤夫人寄来的第一封信。在信中，汤国梨应该表示希望从上海返回乌镇老家居住，对此，章太炎表示反对。在章太炎看来，浙江更不太平，不如上海安全，因此希望夫人慎重安排。

六

汤夫人左右：

抵京以后，连发四函，屡成约也。来书惟十三一件，后遂寂然，岂憔悴不能操觚③耶？抑④已归乌镇，未见吾书也？眷念既深，夜不成寐。得君片

---

① 龙须：草名，茎可织席。这里指草席。
② 折：挫折。
③ 操觚：操，持；觚，木简。执持木简，指作文。西晋陆机《文赋》："或操觚以率尔。"
④ 抑：抑或、还是。

9

字，珍于拱璧①，其有以报我矣。不佞在京安好，园林散步，不时出门。杂宾窥探虽多，一切拒绝。报章所载皆虚语也。君近阅何书？眠食安否？严先生家有《娱亲雅言》② 一书，小说③之流，不失典则④，其版若存，君当借观，以排闷也。书此，敬问起居康健。

炳麟鞠躬

八、二十二日

【解说】此信作于 1913 年 8 月 22 日。由此信可知，二人曾相约在章太炎入京后多通信报平安，而章太炎自 11 日抵京，至 18 日，一周连发 4 封信。而汤夫人的来信，章太炎只收到 1 封，对此，章太炎颇怀幽怨，竟至夜里失眠，可见相思之苦。章太炎也非常希望知道夫人的近况，还推荐夫人读《娱亲雅言》。这本书，其实是有关中国古代儒家经典的学术笔记。学术大师的推荐，毕竟不同于普通人。

七

汤夫人左右：

得书，教以遇人和蔼，弗召众怨，何其相规之笃也。自入京师，杜门不出，知好来者时与对谈，未尝忤物⑤。昔人云：小隐隐山林，大隐隐朝市⑥。颇亦似之。不佞虽无长德，坐镇此方，连日议员入党者，已增三十人矣。骥

---

① 拱璧：大璧。《左传·襄公二十八年》："与我其拱璧。"唐孔颖达疏曰："拱，谓合两手也。此璧两手拱抱之，故为大璧。"后比喻极珍贵之物。

② 《娱亲雅言》：清代严元照（1773—1817）所撰的一部学术笔记，凡六卷，主要是对十三经中一些内容的心得体会，其中引用了前人的很多说法。取名"娱亲"，是因为当时其父患腹泻，所以用这本书来"娱亲"。

③ 小说：指古代九流十家之一的"小说家"。东汉班固《汉书·艺文志》曰："小说家者流，盖出于稗官；街谈巷语，道听途说者之所造也。"与今天文学意义上的小说不同。

④ 典则：典章法则。

⑤ 忤物：与人不和，触犯他人。忤，违逆，抵触。

⑥ 晋王康琚《反招隐诗》："小隐隐陵薮，大隐隐朝市。"唐白居易《中隐》："大隐住朝市，小隐入丘樊。"后成为俗语，字句或有差异，如"小隐隐于野，中隐隐于市，大隐隐于朝"；"小隐在山林，大隐于市朝"。表示真正的隐士未必要隐居在深山，在世俗之中也可以做到隐居。

老伏枥，志在千里①，况吾犹未老耶！如必无成，则老莱偕隐②，孟光赁春③，亦从君之雅志也。报章蜚语，不必深辩。从前报分数党，尚有价值。今则悉是政府机关，人所尽悉，又何足校④，此等但以天师符⑤观之可也。吾近阅报，但横视命令一过⑥，新闻电报，既皆伪造，即弃置不观；而君又何必介介于此乎？新凉，诸惟珍卫⑦。

炳麟鞠躬

八、二十六日

剑侯来信，询及《大共和报》所述。今日报纸只是天师符，何以剑侯尚信其言？剑侯才气颇高，而轻信谣言，最为病根。如来书言冯国璋⑧为五省经略，不知何所见而云然，大抵据报纸无根之电耳。今日可以不必看报。望转告。

【解说】此信作于 1913 年 8 月 26 日。曹操做《步出夏门行》时 53 岁，此时章太炎 46 岁，所以他自称还不算老，还希望能做成一番事业。所以，对于近期国会议员有很多加入共和党，章太炎是颇为欣慰与得意的。当然，章太炎也想好了退路，政治不足为，则与夫人隐居避世而已。

汤国梨在南方，大概从报纸上看到一些有关章太炎的消息，所以在去信中劝其待人和蔼，以免他人诽谤怨恨。对此劝告，章太炎是听从的。而对于

---

① 出自曹操《步出夏门行》："老骥伏枥，志在千里。烈士暮年，壮心不已。"比喻年虽老而仍怀雄心壮志。

② 老莱偕隐：相传老莱子是春秋末年楚国的隐士，隐居于蒙山之阳，自耕而食。楚王招其出仕，他不愿意，就带着妻子迁居江南。见《高士传》《列女传》及《太平御览》引《孝子传》等。

③ 孟光赁春：孟光，东汉人，著名隐士梁鸿的妻子。因梁鸿不愿为官，所以她跟随丈夫隐居于霸陵山中。"举案齐眉"指的也是他们二人。赁春，受雇为人春米。按：为人春米的是梁鸿，而非孟光。

④ 校：通"较"，计较。

⑤ 天师符：旧时端午期间，以黄纸盖以朱印，绘天师、钟馗像或五毒符咒，粘于中门以避祟恶。在此，章太炎意在形容当时报纸不过是乱写乱画骗人的把戏。

⑥ 过：遍，次。

⑦ 珍卫：珍重，保重。

⑧ 冯国璋（1859—1919），字华符，一作华甫，直隶河间人，直系军阀的首领，与王士珍、段祺瑞并称为"北洋三杰"。早年毕业于北洋武备学堂，辛亥革命时率领北洋军镇压武昌起义。后曾奉命率军进攻南京，镇压"二次革命"。又出任江苏都督，坐镇东南。袁世凯称帝后曾联合五将军发出逼迫袁世凯取消帝制的通电。袁世凯死后，黎元洪继任大总统，经过国会补选冯国璋为副总统，在南京办公。后黎元洪与段祺瑞爆发"府院之争"，引发张勋复辟，为段祺瑞所镇压。黎元洪辞职，冯国璋进京任代理总统，段祺瑞复任国务总理。1918 年 8 月 13 日，冯国璋通电辞去副总统，次年病逝。

对酒当歌，人生几何？譬如朝露，去日苦多。慨当以慷，忧思难忘。何以解忧？唯有杜康。青青子衿，悠悠我心。但为君故，沉吟至今。呦呦鹿鸣，食野之苹。我有嘉宾，鼓瑟吹笙。明明如月，何时可掇？忧从中来，不可断绝。越陌度阡，枉用相存。契阔谈讌，心念旧恩。月明星稀，乌鹊南飞。绕树三匝，何枝可依？山不厌高，海不厌深。周公吐哺，天下归心。

章太炎手录曹操诗

报纸上的消息，章太炎认为，此时的报纸已经成为政府机关的工具，失去了独立报道的价值，因此并不可靠，完全可以不看报。

八

汤夫人左右：

晨得电报，已覆电去。讫自十一日后发书六度，来函云已得其四，余二函近想续到也。来函六件，只得其三，第一即有小影者，是戎事纂严①，邮递或有稽滞②，所不可知。朅来③人事纷纭，转变难测，共和党财④可支柱，气亦未雄，况诲之谆谆，听者藐藐⑤，则虽焦音瘏口⑥，犹不足以救乱扶衰也。所以同德相助者，乃知其不可而为之耳。不佞虽在风尘⑦，周身之防⑧亦密，比惟日览文史，聊以解忧。本欲速谋归计，离此尘嚣⑨，然南北亦皆无净土⑩，兵事未解，亦不容入此旋涡，是以却顾⑪不行耳。首如飞蓬，岂无膏沐⑫？殷勤思慕，彼此同之。或欲劝君北来，鄙意亦无所拂，未知以为劳否？校事不就，家居闲寂，则移家北视，未始非宜。顷日溽暑⑬渐消，精神当可恢复。弹棋咏风，以遣愁思，是所望于雅材也。临颖神驰，心如纠结。敬问起居万福。

炳麟鞠躬

九月二日

---

① 纂严：谓军队严装、戒备。犹今之戒严。

② 稽滞：迟滞，延误。

③ 朅（qiè）来：尔来。

④ 财：通"才"。

⑤ 谆谆，教诲不倦；藐藐，轻忽，不在意。《诗经·大雅·抑》："诲尔谆谆，听我藐藐。"

⑥ 焦音瘏（tú）口：焦，干燥；瘏，病。形容说话之多，费尽口舌。《诗经·豳风·鸱鸮》"予口卒瘏"、"予维音哓哓"。

⑦ 风尘：指世俗之中。

⑧ 周身之防：周身，全身，浑身。晋杜预《春秋经传集解序》："圣人包周身之防，既作之后，方复隐讳以辟患，非所闻也。"孔颖达疏："谓圣人防虑，必周于身。"

⑨ 尘嚣：世间的纷扰、喧嚣。晋陶渊明《桃花源诗》："借问游方士，焉测尘嚣外。"

⑩ 净土：佛教谓没有五浊（劫浊、见浊、烦恼浊、众生浊、命浊）垢染的清净世界。与世俗众生居住的世间相对。

⑪ 却顾：迟疑顾虑。

⑫ 出自《诗经·卫风·伯兮》："自伯之东，首如飞蓬。岂无膏沐，谁适为容。"蓬，蓬草，枯后根断，遇风飞旋，故称飞蓬。膏沐，妇女润发用的油脂。意思是说，自从丈夫离去之后，头发就乱糟糟像飞蓬一样；并不是没有油脂去洗，而是丈夫不在，我又妆点给谁看呢？即表达思夫之情。

⑬ 溽暑：又湿又热，指盛夏。

【解说】此信作于 1913 年 9 月 2 日。在此信中，章太炎第一次提到请汤国梨北上，不过，倒不是北上定居，而是前来相见。因为在这时，章太炎还是觉得自己是可以来去自由的。妻子进京相聚，之后再一同离京返乡，夫妻相偕，也可免却彼此的相思之苦。

在信中，章太炎还表达了对共和党"同志"的失望。新共和党成员，多是民社和旧统一党成员，在袁世凯大权在握的形势下，竟然觉得可以单单凭宪法限制乃至驱除袁世凯，章太炎以为多偏于柔弱迂腐，苦口婆心劝告，效果甚微，所以不免心灰意冷。

九

汤夫人左右：

　　续得手书，并严公来函，知近有归省意，吾亦颇欲归耳。然栖迟①京邸，瞪目相看，狐鼠②不能加害，南行则不虞之事起矣。所以濡滞③至今者，正以道途荆棘故也。飘风骤雨，逆计不能终朝④，静以待之，自有休止，亦愿君宁心少俟⑤也。日来仍服党参，暇即泛览文史。园有丛菊，时复周眺，以解烦忧。北方早寒，裌衣⑥先著；南想故里，或尚著白纱耳。寒暑代更，宜自珍卫。少餐瓜果，勿当风偃寝；斗棋⑦作字，以省愁思，是所至望。书此，敬问起居万福。

炳麟鞠躬
九月五日

---

　　① 栖迟：游息，失意漂泊，淹留。《诗经·陈风·衡门》："衡门之下，可以栖迟。"唐李贺《致酒行》："零落栖迟一杯酒，主人奉觞客长寿。"

　　② 狐鼠：即城狐社鼠。以城墙为窝的狐狸，以土地庙为窝的老鼠。汉刘向《说苑》卷一一《善说》："且夫狐者，人之所攻也；鼠者，人之所熏也。臣未尝见稷狐见攻，社鼠见熏，何则？所托者然也。"比喻凭借权势而肆意为恶的人。

　　③ 濡滞：迟延，稽迟。《孟子·公孙丑下》："三宿而后出昼，是何濡滞也。"赵岐注："濡滞，淹久也。"

　　④ 终朝：终日，整天。《老子》："飘风不终朝，骤雨不终日。"

　　⑤ 俟（sì）：等待。

　　⑥ 裌（jiá）衣：双层无絮的衣服。

　　⑦ 斗棋：即下棋。

【解说】此信作于 1913 年 9 月 5 日。是时章太炎虽被监视，但尚可行动自由，且为主动选择留居京师。其原因，在于居京师则万众瞩目，袁世凯及其党羽不敢公然加害，一旦离开北京南下，则有可能遭遇如宋教仁在车站被暗杀的情形。因此，章太炎为了安全起见，继续住在北京，希望时局平稳一些再返回上海。

9 月初，北京已有了些凉意，章太炎自己穿上夹衣，又在想南方的妻子情形如何。自己不能归去，只能在信中表达相思和关切之情。

十

汤夫人左右：

时已中秋，归期未定。思萱草以解忧①，当与君同斯悲郁②也。省亲事想已成，太夫人及哲弟想并康乐。秋气凛冽，益当自卫。此间警备犹严，一切政论，无由发舒，选举、宪法诸大端，无非在军人掌握中耳。此虽由武夫桀骜，亦由议员太无骨干也。近又有人欲以孔教为国教③，其名似顺，其心乃别有主张，吾甚非之。书此，敬问起居万福。

炳麟鞠躬

九、十四日

【解说】此信作于 1913 年 9 月 14 日。两日后即是中秋佳节，汤夫人之归省，大概就是为了中秋团聚，而章太炎归期未定，不免益增愁苦。

此时的北京，正是在北洋军平定南方"二次革命"、国会选举正式大总统之前，袁世凯为了保证自己能够顺利当选，对北京加紧了控制，不仅一片肃

① 萱草：即谖草。《诗经·伯兮》："焉得谖草，言树之背。"毛传曰："谖草，合欢，食之令人忘忧者。"《博物志》："萱草，食之令人好欢乐，忘忧思，故曰忘忧草。"
② 悲郁：悲伤忧郁。
③ 1912 年 11 月，陈焕章秉承其师康有为之意，在上海联络沈曾植、梁鼎芬等，发起成立了孔教会，以"昌明孔教救济社会""挽救人心维持国运"为宗旨，并刊行《孔教会杂志》。1913 年 8 月 15 日，孔教会代表陈焕章、夏曾佑、梁启超、王式通等上书参、众两议院，请于宪法中明定孔教为国教。于是，自 21 日起，浙江、山东、湖北、河南、福建、吉林、广西、江南、安徽、云南等省的都督、民政长等先后通电，促参、众两议院尽速通过陈焕章等定孔教为国教的申请。9 月 27 日，在山东曲阜召开第一次全国孔教大会，举行大规模祭孔活动。11 月，推康有为任总会长，张勋任名誉会长，陈焕章为主任干事，总会迁至北京。

汤国梨与家人合影

杀之气，而且也没有言论自由，不得对总统选举、中华民国约法自由发表意见。章太炎不仅抨击军人的蛮横无理，也对国会议员屈服于袁世凯的淫威、没有骨气表示了不满。

　　信中还提到了以孔教为国教之事。近代以来，通过对比西方，不断有人在中国提倡宗教，章太炎本人也曾提出要"用宗教发起信心"。晚清时，康有为曾主张以孔教为国教，此时又有其弟子陈焕章等人重新提出，但其背后有复辟的意图在，因此为章太炎所不许。对于孔子及儒家本身，此时的章太炎还是不反对的。

十 一

汤夫人左右：

　　被九月六号书，知已安抵乌镇。前六度书已得其四，所幸小影未失，葆藏①箧笥②，如睹光仪③，且喜且悲，亦何能已！北方政党情形，气已萧索。

---

　　① 葆：通"宝"。葆藏，即珍藏。
　　② 箧（qiè）笥（sì）：箧，小箱子；笥，盛饭食或衣物的方形竹器。
　　③ 光仪：光彩的仪容。称人容貌的敬词，犹言尊颜。汉祢衡《鹦鹉赋》："背蛮夷之下国，侍君子之光仪。"

国会徒存形式，莫能自主，盖迫于军警之威，救死不暇，何论国事？前所逮捕议员，近闻已枪毙五人，神龙作醢①，灵龟刳肠②。吁！实吾生所未见也。不佞留滞燕都，心如鼎沸，虽杜门寡交，而守视者犹如故，且欲以蜚语中伤。行则速祸，处亦待弊。所以古人有沉渊蹈海③，或遁入神仙者，皆是故也。如君思我，我亦思君④，有怀不遂，叹息如何！八月十五夜，坐视明月，忧从中来。少顷月蚀，遂复辍观。今为八月十七日也，不睹广陵之潮、浙江之波，已数岁矣。烦忧在匈⑤，展转反侧，亦知其无益也。朔气已凉，而我畏热，著两单衣已觉其可，袷衣尚有数件，当可支持。愿君珍重。心绪烦冤，书不成字，仰视屋梁，以思颜色⑥，纸笔所达，什不一二。

炳麟鞠躬
九月十八日

太夫人及令弟妹皆请转候。

【解说】此信作于1913年9月18日。夫妻通信，总是不能及时、顺利收到来信，所幸有照片可慰相思。在没有视频没有网络没有电话的年代，只能靠照片、信件去传递情感。这中间，往往很慢，但累积的情感，却是充沛的，深厚的，不可遏制的。八月中秋，月色如水，洒满屋梁，似乎可以照见伊人容颜。

---

① 神龙作醢（hǎi）：醢，肉酱。《左传·昭公二十九年》："及有夏孔甲，扰于有帝，帝赐之乘龙，河、汉各二，各有雌雄，孔甲不能食，而未获豢龙氏。有陶唐氏既衰，其后有刘累，学扰龙于豢龙氏，以事孔甲，能饮食之。夏后嘉之，赐氏曰御龙，以更豕韦之后。龙一雌死，潜醢以食夏后。夏后飨之，既而使求之。"又，唐白居易《九年十一月二十一日感事而作》："麒麟作脯龙为醢，何似泥中曳尾龟。"
② 灵龟刳（kū）肠：灵龟，龟名，古用以占卜；刳，剖开。《庄子·外物》："宋元君夜半而梦人被发窥阿门，曰：'予自宰路之渊，予为清江使河伯之所，渔者余且得予。'元君觉，使人占之，曰：'此神龟也。'君曰：'渔者有余且乎？'左右曰：'有。'君曰：'令余且会朝。'明日，余且朝。君曰：'渔何得？'对曰：'且之网得白龟焉，其圆五尺。'君曰：'献若之龟。'龟至，君再欲杀之，再欲活之，心疑，卜之，曰：'杀龟以卜吉。'乃刳龟，七十二钻而无遗。仲尼曰：'神龟能见梦于元君，而不能避余且之网，知能七十二钻而无遗筴，不能避刳肠之患。'"此句与上句均比喻贤人材士遭受迫害。
③ 沉渊蹈海：沉渊，指战国时楚人屈原事。蹈海，跳到海里自杀，指战国时齐人鲁连事。《史记·鲁仲连邹阳列传》："彼秦者，弃礼义而上首功之国也，权使其士，虏使其民。彼即肆然而为帝，过而为政于天下，则连有蹈东海而死耳，吾不忍为之民也。"表示宁死而不受强敌屈辱的气节、情操。
④ 宋刘将孙《忆旧游》："匆匆那忍别？料当君思我，我亦思君。"
⑤ 匈：通"胸"。
⑥ 指月光洒在屋梁上，恍惚中似乎看到你的容颜。杜甫《梦李白二首》之一："落月满屋梁，犹疑照颜色。"

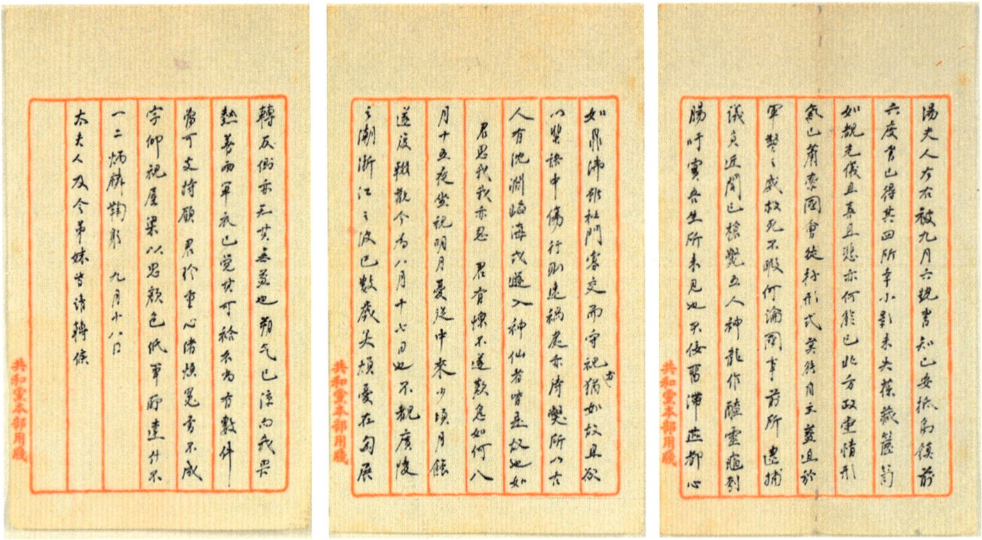

章太炎致汤国梨信（1913年9月18日）

"二次革命"爆发后，袁世凯对于反对派和政党活动进行了严酷镇压。1913 年 7 月 31 日，袁世凯发布命令，要求国民党在三天之内将黄兴、陈其美、柏文蔚、李烈钧、陈炯明等除名。8 月 1 日，国民党议员伍持汉以"勾结乱党，谋叛民国"的罪名在天津被捕，并于 19 日被杀害，成为民国议员被杀第一人。8 月 10 日，袁世凯下令通缉参议员居正、胡秉柯，众议员杨时杰、田桐、白逾桓、刘英等。27 日，袁世凯又下令逮捕众议员褚辅成、常恒芳、刘恩格，参议员丁象谦、赵世铨、朱念祖、张我华、高

章太炎、汤国梨与家人合影

阳藻等八人。正常发表言论，正常行使权利，竟遭"共和"政府之不容，章太炎感觉无比痛心。

十二

汤夫人左右：

得严公书，知君已自浙返。枳棘之地不可栖也，沪虽嚣尘①，犹胜于浙。而吾亦离家一月有半矣。昨者两次腾②书，皆寄乌镇，想未得见（来书六次，所得有四，小影已到，聊伴岑寂③）。明月白露，光阴往来④，谣诼

---

① 嚣尘：嚣，喧闹；尘，尘土。谓嘈杂而肮脏。《左传·昭公三年》："子之宅近市，湫隘嚣尘，不可以居。"

② 腾：传，致。

③ 岑寂：寂静，寂寞。鲍照《舞鹤赋》："去帝乡之岑寂，归人寰之喧卑。"唐唐彦谦《樊登见寄》诗之三："良夜最岑寂，旅况何萧条。"

④ 南朝江淹《别赋》："至乃秋露如珠，秋月如圭，明月白露，光阴往来，与子之别，思心徘徊。"

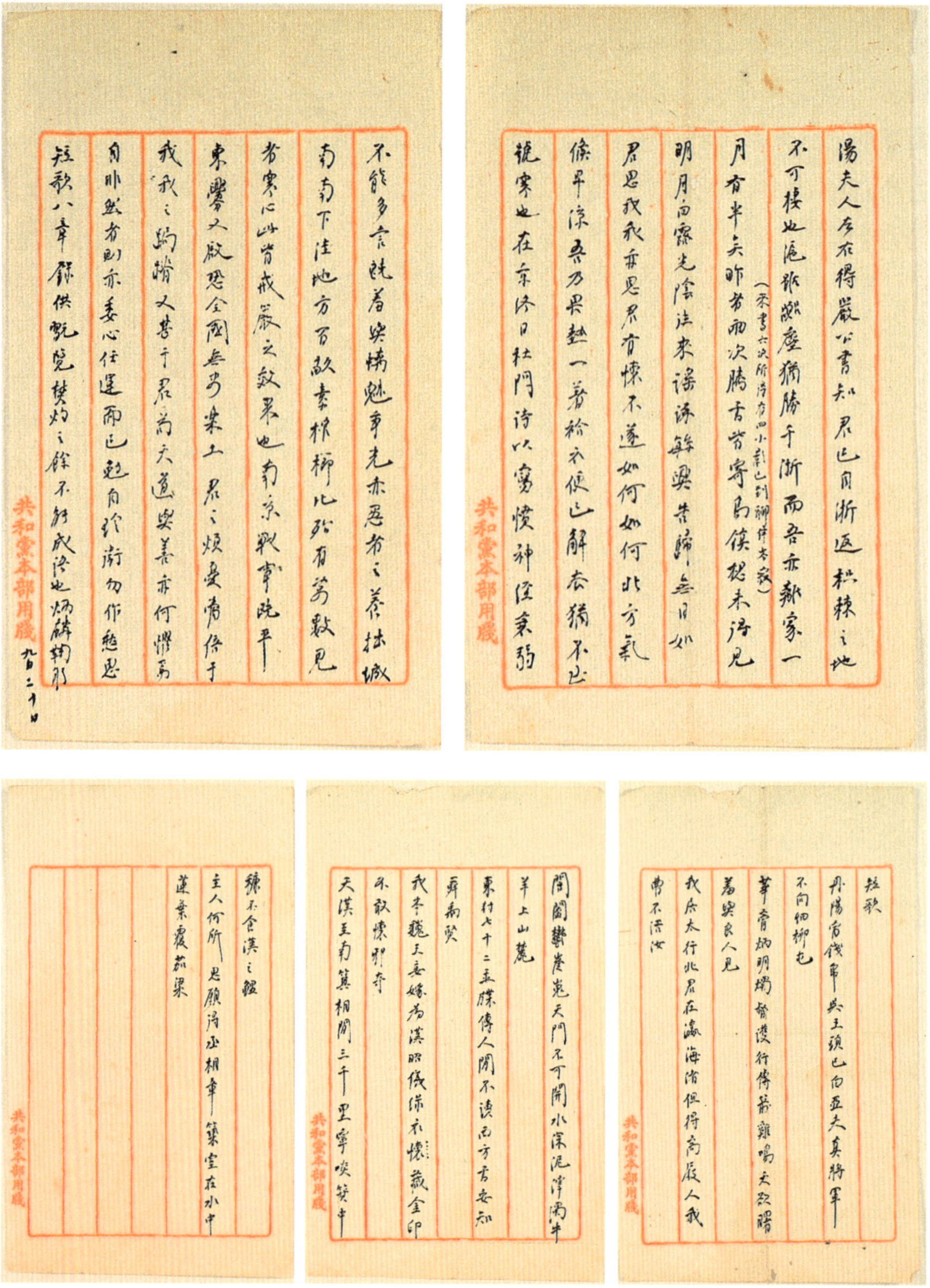

章太炎致汤国梨信及短歌（1913 年 9 月 20 日）

繁兴①，告归无日。如君思我，我亦思君，有怀不遂，如何如何？北方气候早凉，吾乃畏热，一著袷衣，便已解去，犹不至号寒也。在京终日杜门，诗以写愤，神经衰弱，不能多言，既羞与螭魅②争光，亦愚者之养拙。城南南下洼地方百亩，素棺栉比③，殆有万数，见者寒心，此皆戒严之效果也。南京战事既平，东衅又启，恐全国无安乐土。君之烦忧，当倍于我；我之踽踽④，又甚于君。苟天道与善⑤，亦何惧焉？自非然者，则亦委心任运⑥而已。勉自珍卫，勿作愁思。短歌八章，录供玩览。焚灼⑦之余，不能成语也。

炳麟鞠躬
九月二十日

短　歌

丹阳富钱帛，吴王头已白。亚夫真将军，不向细柳屯。

华膏炳明烛，督护行传箭。鸡鸣天欲曙，羞与良人见。

我居太行北，君在瀛海渚。但得高厚人，我曹不活汝。

阊阖郁崔嵬，天门不可开。水深泥滓浊，牛羊上山麓。

东封七十二，玉牒传人间。不读西方书，安知舜禹贤？

我本魏王妾，嫁为汉昭仪。绿衣藏金印，不敢怀邪奇。

天汉至南箕，相间三千里。宁唉箕中糠，不食汉之鲤。

主人何所思，愿得丞相章。筑室在水中，莲叶覆茄梁。

---

① 谣诼：造谣毁谤。《离骚》："众女嫉余之蛾眉兮，谣诼谓余以善淫。"

② 螭（chī）魅（mèi）：传说中的山林精怪，喻指坏人。

③ 素棺：没有经过任何装饰的棺材。栉（zhì）比：像梳子的齿那样密密排列。《诗经·周颂·良耜》："其崇如墉，其比如栉。"

④ 踽（jǔ）踽（jí）：困顿窘迫，局促不安。

⑤ 《老子》："天道无亲，常与善人。"天道，天、自然运行的法则、道理。

⑥ 委心任运：委，听任。指随心之自然，听从命运的安排。东晋陶渊明《归去来辞》："寓形宇内复几时，曷不委心任去留？"《宋书·王景文传》："有心于避祸，不如无心于任运。"清况周颐《蕙风词话》卷二："委心任运，不失其为我。知足长乐，不愿乎其外。"

⑦ 焚灼：形容内心像火烧般愁苦。唐钱珝《为集贤崔相公让大学士表》之三："焚灼常苦于寸心，芒刺日加于四体。"

【解说】此信作于1913年9月20日。北京戒严，住所亦遭监视，章太炎已无事可做，只能作诗排遣。

北京城南南下洼，其地地势低洼，自来为北京偏僻荒凉之地。向北则为菜市口。因"二次革命"即国会选举大总统在即，北京戒严，多所杀戮，故信中言其地死者大概有上万人，景象十分恐怖。

十三

汤夫人左右：

二十日寄一书，想已收到。心烦意乱，亟欲思归。而卫兵相守，戒严未销，出则死耳。迩者检察厅又以语言之故，起而诉告（因病未去），亦政府使之也。吾处此正如荆棘，终日无生人意趣。共和党亦徒托清流[1]，未能济事。剑侯之徒，不知人事险巇[2]，人生忧患，屡电求助。嘻！我躬不阅，遑恤我后[3]。彼但从一面着想，看事容易，岂于京师近状一概未闻，仆之境遇豪末未知乎？程吉孚[4]意非不善，不知杨癖珊即告密者也。皖北人无一可信，此乃吉孚所未知耳。严公欲来，亦恐蹈祸。戒严副司令陆建章[5]吸烟成癖，因黎宗岳[6]告孙少侯[7]吸烟，即逮捕欲杀之。凡言禁烟者，皆彼所欲杀者也。严公来亦遇祸，吾亦非严公所能救济。展转思之，惟有自杀，负君深矣。然他

---

①　清流：指负有时望、不肯与权贵同流合污的士大夫或知识人。

②　险巇（xī）：亦作"险戏""崄巇"。险阻崎岖，常用来比喻处世艰难。《楚辞·七谏·怨世》："何周道之平易兮，然芜秽而险戏。"南朝梁刘峻《广绝交论》："世路险巇，一至于此。"

③　出自《诗经·邶风·谷风》。躬，自身；阅，容受；遑，来不及；恤，顾及。此处意指章太炎自己尚处于危险之中，自顾不暇，哪里还顾得上其他呢！

④　程吉孚，曾为《苏报》账房先生。

⑤　陆建章（1862—1918），字朗斋，安徽人。天津北洋武备学堂毕业，一路追随袁世凯。1912年任袁世凯总统府警卫军参谋官、右路备补军统领，后改警卫军统领兼北京军政执法处处长。是拘禁章太炎的主要负责人。

⑥　黎宗岳（1876—1915），字嵩祝，安徽人。清末主张创办实业，为革命筹措巨款。民国成立后，在北京参加组建"共和党"，痛斥袁世凯非法行径，遭袁囚禁。后被释，继续在上海、武汉经营实业。袁世凯称帝，黎宗岳在武汉组织"共和军"，准备讨袁，因监制炸弹失事而亡。

⑦　孙少侯，即孙毓筠（1869—1924），原名多琪，字竹如，号少侯，又号夬庵，安徽寿州人。1906年东渡日本，加入同盟会，任总部庶务部干事。1907年回国，策动新军起义，事泄被捕。武昌起义后获释，被任为浙江联军总部副秘书长、安徽都督。后赴北京，任临时参议院议员、约法会议议长、参政院参政等职。1915年参与发起筹安会，拥袁复辟，为"筹安六君子"之一。1916年7月被北京政府通缉，后被赦免。1924年应邀赴河南军务督理胡景翼处，后客死于开封。

人皆无可与谋，以疏阔①者多，周密者寡耳。此书恐成永诀也。君得书不必与他人言，但往告君家蛰公②，使知此事。蛰公计虑，较他人为周密，或能图谋于万一耳。

炳麟鞠躬

二十三日

【解说】此信作于1913年9月23日。在信中，章太炎第一次提到了自杀，但是，这时还只不过是一时的愤激之词。在京的日子，章太炎过得愈发艰难。外有警察把守，且遭小人诉讼，内无同道可以同舟共济，又孤身一人，羁旅他乡，故此心绪极为恶劣。

十四

汤夫人左右：

二十四日寄去一书，想已收到。比来③戒严未解，尚有危机。委心任运，聊以卒岁，而胸中愤懑，终不能自胜也。愤慨既极，惟迎诗以自遣。有时幡④阅医书，此为性之所喜，但行箧此种殊少耳。家中医籍尚多，务望保藏弗失。昔人云：不为良相，当为良医⑤。此亦吾之志也。蛰公已见过否？其意云何？剑侯近遣顾某送一书来，以顾系杭县人，杭县人难信，故不欲见之。

---

① 疏阔：粗略，不周密。
② 君家蛰公：指汤寿潜（1856—1917），原名震，字蛰先、蛰仙，浙江萧山人。早年主张变法，要求清廷立宪，宣统元年任浙江咨议局议长。辛亥革命爆发后，被举为浙江都督。南京临时政府成立，被任命为交通总长，曾举荐章太炎、陶成章代理浙江都督。后赴南洋游历募款。曾与章太炎一起组织统一党，任参事。
③ 比来：近来，近时。
④ 幡：通"翻"。
⑤ 宋范仲淹语。宋吴曾《能改斋漫录》卷十三："范文正公微时，尝诣灵祠求祷，曰：'他时得位相乎？'不许。复祷之曰：'不然，愿为良医。'亦不许。既而叹曰：'夫不能利泽生民，非大丈夫平生之志。'他日，有人谓公曰：'大丈夫之志于相，理则当然。良医之技，君何愿焉？无乃失于卑耶？'公曰：'嗟乎，岂为是哉。古人有云："常善救人，故无弃人；常善救物，故无弃物。"且大丈夫之于学也，固欲遇神圣之君，得行其道。思天下匹夫匹妇有不被其泽者，若己推而内之沟中。能及小大生民者，固惟相为然。既不可得矣，夫能行救人利物之心者，莫如良医。果能为良医也，上以疗君亲之疾，下以救贫民之厄，中以保身长年。在下而能及小大生民者，舍夫良医，则未之有也。'"

剑侯交人，亦劝其慎密①也。君起居何似②？惟望珍卫，勿苦相忆。

炳麟鞠躬

二十八日

【解说】此信作于 1913 年 9 月 28 日。章太炎在信中特意提到了自己对医学的喜爱。章太炎的祖父、父亲、兄长，都好习医，尤其是其长兄章箴，医术尤高，在家乡也是颇有名气。在此家庭环境影响之下，章太炎也十分喜爱医学，也下过苦功钻研，平生所学，"三绝（小学、子书、医理）之中，最喜谈医，尝谓平生心得在是"。

十五

汤夫人左右：

月杪③连接两函，言之酸楚，令人心肝皆摧。嫌疑事亦诚有之。当今之时，苟厕隶革命党籍及开国有功者，自非变节效媚，无不在嫌疑中，非独吾一人也。然所以致此者，亦因旧时清誉，过于孙、黄④，故其忌之益甚，殆非杀其身、败其名不已。都中豺狼之窟，既陷于此，欲出则难，纵躯委命，无此耐心，故辄愤愤图自决⑤耳。若剥极能复⑥，则坐以待之也。鄂友在都者并谓君宜北来。昨电所以阻君者，以此地不可轻入也。所撰小词一首，辞旨悲凉，羁人⑦为之

章太炎手书"中华民国"

---

① 慎密：谨慎细密。《易经·系辞上》："君子不密则失臣，臣不密则失身，几事不密则害成。是以君子慎密而不出也。"

② 何似：如何，怎么样。

③ 杪：年月季节的末尾。

④ 孙，指孙中山；黄，指黄兴。

⑤ 自决：自杀，自尽。

⑥ 剥极能复：剥、复均为《周易》卦名，剥卦之后为复卦。剥卦最上为阳爻—，其余五爻为阴爻‐‐，表示阴盛阳衰；复卦最下为阳爻，阴极而阳复，象征重新恢复生机。比喻物极必反，否极泰来。

⑦ 羁（jī）人：作客在外，也指在外客居的人。

悽绝。当悲忧交集，无可解慰之时，作韵语以写忧，聊足自免沉郁。譬之哀极欲哭者，哭出则哀渐解，不得哭则哀弥甚。吾近颇作诗，借之排遣，君亦宜知此意耳。秋气渐寒，千万珍重。

炳麟鞠躬
十月二日

【解说】此信作于 1913 年 10 月 2 日。此信表明，章太炎是看穿了袁世凯的意图的。为了保住自己的地位，袁世凯希望将革命党一网打尽。而章太炎在革命党中乃至对于普通人的影响，或许比孙中山、黄兴还要大。因为孙、黄只能以武力抗争，而论武力，孙、黄远不及袁的北洋军。而且，孙、黄在革命党之中，并没有取得广泛的支持，互相之间也有矛盾。反观章太炎，自清末起便以其文章言论发挥影响，在袁世凯以武力压制全国的情形下，章太炎若不断发表反袁宣言，无疑会使袁在舆论上处于非常不利的位置。当时，甚至有"太炎先生一篇文章，可少用数师兵马"的说法。所以，袁世凯也就对章太炎特别忌惮，防范、压制也特别厉害。正由于此，章太炎才有了愤而想要自杀的念头。

汤国梨有《影观词》，夏承焘许为"皆眼前语，若不假思索者，而幽深绵邈，令人探绎无穷，又十九未经人道"。其此时寄章太炎者不知为哪一首，今择录一首如下：

《眼儿媚》

梦回酒醒夜漫漫。幽思起无端。药炉烟冷，罗巾泪尽，金鸭香残。声声断雁窗前渡，无寂起凭栏。一痕银汉，半规皓魂，两地愁颜。

十六

汤夫人左右：

秋气萧索，浮云蔽光。京师冠盖①之区，暗如幽谷，惟有终日杜门，自娱文史而已。戒严令日益酷厉，前以选举议长问题，逮捕议员八人，诬以通

---

① 冠盖：指官员的帽子服饰和车的顶盖，后用以指达官贵人。

匪，至今未释。此皆孙毓筠之谋也。共和党党员黎宗岳本与毓筠有怨，毓筠诬共和党受李烈钧①济款三万，共和党指名控告。适有安徽商人控告孙毓筠私藏洋烟，闭门吸食，巡警往搜，孙将洋烟、烟具自墙掷出，反指控者为诬，而疑为黎所嗾②使，于是潜往戒严司令陆建章处吸食。陆固孙之良友，而烟癖最深者也。孙与陆商，猝将黎宗岳捕去，又捕原告商人，急欲枪毙，未果，并欲捕巡警及检察官。豪横如此，真乃目无法纪。然以声名过劣，熊系内阁③亦不能提出孙名也。大抵北京当事者，皆二三无赖下流，内阁虽修饰④名誉，而匡救⑤之力甚少。近则军警又宣告两院九大罪，且欲逼迫宪法草案延总统任期至七年，且许连任矣。原案任期六年，不得连任。议员已全无力量，恐不能不受其威胁。共和党名为中流砥柱，人数既少，亦不能济⑥此横流⑦也。加以财政匮乏，保守⑧不暇，沈剑侯欲令接济报馆，则登天之难矣。吾意亦欲离京，近尚扰攘⑨，未能遂意。君宜葆爱躯体，重若千金，围棋书史，以解烦懑。相思不已，路远如何？书此，敬问起居万福。

炳麟鞠躬

九日

此函可兼示严先生。沈处未覆，宜以实情告之。

---

① 李烈钧（1882—1946），字侠如，号侠黄，江西九江人。青年时期便追随孙中山革命，辛亥革命爆发后，李烈钧被推任江西都督府参谋长、海陆军总司令，迫使北洋海军主要舰艇宣布起义。1912年中华民国成立，被孙中山任命为江西都督。1913年7月12日在江西湖口成立讨袁军总司令部，就任总司令，揭开"二次革命"的战幕。8月失败后，流亡日本。

② 嗾（sǒu）：本指使狗的声音。后用以指教唆、指使，怂恿他人做坏事。

③ 熊系内阁：1913年7月31日，经国会通过，熊希龄被任命为北洋政府第四任国务总理，宣称要组建"第一流人才与第一流经验"的内阁，其内阁成员多为社会名流和著名事业家，如梁启超为司法总长，张謇为农商总长，汪大燮为教育总长，所以时人称之为"第一流人才内阁"，于9月11日正式成立。该内阁制定了民国第一部宪法。熊希龄（1870—1937），字秉三，别号明志阁主人、双清居士。出生于湖南湘西凤凰县，祖籍江西丰城石滩。早年为翰林，曾参加戊戌维新。武昌起义后，与立宪派张謇、梁启超等拥护袁世凯，后出任北洋政府财政总长和热河都统等职。1928年出任国民政府赈务委员会委员，1932年任世界红十字会中华总会会长。"九一八"事变后主张积极抗日。

④ 修饰：加以整理、装饰，使臻完美或更加美观。

⑤ 匡救：匡正挽救。《尚书·太甲中》："尚赖匡救之德，图惟厥终。"

⑥ 济：拯救，救济。

⑦ 横流：水四处满溢，借指动乱、灾祸。唐王维《谢除太子中允表》："复宗社于坠地，救涂炭于横流。"

⑧ 保守：保卫坚守。

⑨ 扰攘：纷乱，混乱。《汉书·律历志上》："战国扰攘，秦兼天下。"

【解说】此信作于 1913 年 10 月 9 日。北京在袁世凯的控制下，无论是国会议员，还是各个政党，活动空间越来越小，在逼迫之下，大多只能屈服。如此，则章太炎早已失去了留在北京主持共和党事务的意义。

十七

汤夫人左右：

不得手书几半月，未识躯体安否？十一日发一电，想已收到。电望早覆，信亦望早回也。前得家二兄书，云沈贵往取银一百八十圆，以未得吾手笔，未付。昨已信致家兄，属①付三百六十圆。此间大事毕后，当涂②以体面③不好，亦甚不乐。四五日来，都中寂寞若无事然，然戒严仍未取消也。吾今已御绵衣，昨者偶患风寒，今已略可。君近何以解忧？望即赐覆，以尉④饥渴。书此，即问起居万福。

炳麟鞠躬

十二早（一九一三年十月）

【解说】此信作于 1913 年 10 月 12 日。10 月 6 日，国会选举袁世凯为大总统；7 日，选举黎元洪为副大总统；至 10 月 10 日，袁世凯在太和殿宣誓，正式就任中华民国首任大总统，此即信中所谓"大事"。但袁之当选，实有袁世凯操纵、逼迫议员从命之情形，是所谓"体面不好"。

十八

汤夫人左右：

十二日得九号信（初十曾发一电，想已到），不胜欣慰。夫己氏⑤目的已

---

① 属（zhǔ）：通"嘱"，委托，嘱咐。
② 当涂：当路，当权、掌权者。
③ 体面：面子。
④ 尉：慰的本字。安慰。
⑤ 夫己氏：犹言某人，不欲明指其人时之称。《左传·文公十四年》："齐公子元不顺懿公之为政也，终不曰公，曰夫己氏。"杜预注："犹言某甲。"

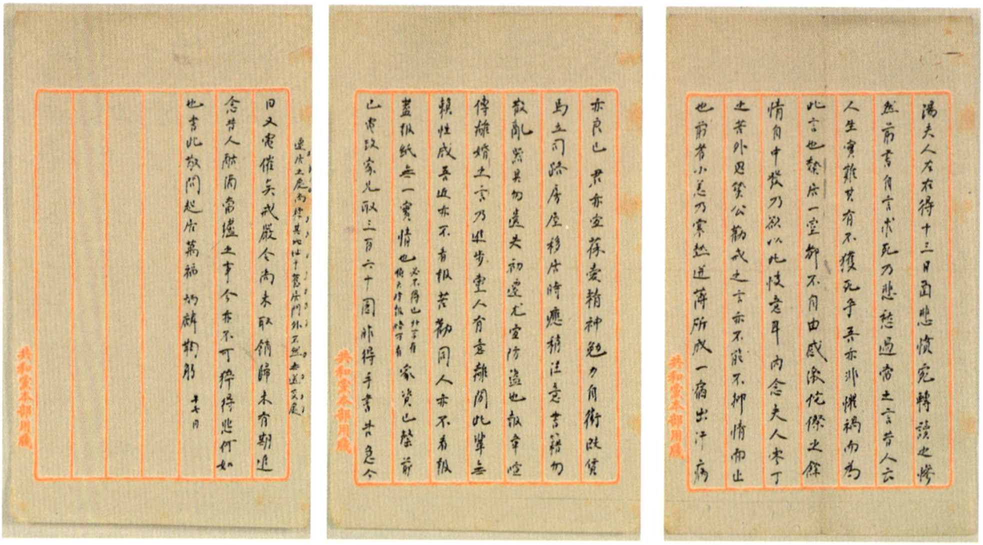

章太炎致汤国梨信（1913年10月17日）

达，而戒严犹未取消，盖①亦别有用意，以此归期未能克定也。新迁房屋如果可居，则甚善。移家时，吾所有书籍，一切皆望整理，弗令阙失或凌乱无次为幸。此事想君初次为之，照顾周密，殊非容易，望勉为其难也。蛰公数常见否？海上早寒，勉自珍卫。

炳麟鞠躬

【解说】此信未署日期，作于 1913 年 10 月 13 日至 16 日之间。章太炎在上海原未有寓所，往来停留多借宿于哈同花园。章、汤二人在上海成婚时，住在北四川路长丰里 2 街 269 号，即神州女学旧址。大概因汤夫人原系该校教务长，原宿于此。新房陈设"甚为简陋，仅有白木方桌一张，长条木凳四只，新房内其他家具和陈设，都是从外面租来的"。此时，汤夫人决定另觅住所，故向章太炎报告，章太炎回信嘱咐搬家时书不要搬乱了。

十九

汤夫人左右：

得十三日函，悲愤宛转，读之惨然。前书自言求死，乃悲愁过当之言。昔人云：人生实难，其有不获死乎②？吾亦非惧祸而为此言也。蛰居一室，都不自由，感激侘傺③之余，情自中发，乃欲以此快意耳。内念夫人零丁之苦，外思蛰公劝戒之言，亦不能不抑情而止也。前者小恙，乃寒热迸薄④所成，一宿出汗，病亦良已。君亦宜葆爱精神，勉力自卫。既赁马立司路⑤房屋，移居时应稍注意，书籍勿散乱，器具勿遗失，初迁尤宜防盗也。报章喧传离婚之言，乃进步党人有意离间，此辈无赖成性，吾近亦不看报，苦劝同人亦不看报，盖报纸无一实情也。必不得已，北京有《顺天时报》略可看。家资已罄，前已电致家兄取三百六十圆，昨得手书告急，今日又电催矣（迁居之处，

---

① 盖：文言虚词，表示推测，大约，大概。
② 《左传·成公二年》："人生实难，其有不获死乎？"获，能够。
③ 感激：有所感受而情绪激动。侘（chà）傺（chì）：失意而神情恍惚。
④ 寒热迸薄：寒热，受寒怕冷而发热的症状；迸，涌出；薄，侵袭。
⑤ 马立司路：上海今武胜路、延安东路、重庆北路、大沽路一带。这一带大部分曾是北爱尔兰大商人、大地产商亨利·马立司（Henry Morriss，或译马立师、马立斯）的地产，故名。

尚标其地址于旧居门外，不然无送交处）。戒严令尚未取销，归未有期。追念昔人酤酒当炉①之事，亦不可猝得，悲何如也！书此，敬问起居万福。

炳麟鞠躬
十七日

【解说】此信作于 1913 年 10 月 17 日。章太炎承认之前提到要自杀是"悲愁过当"之言，是一时感情不可遏止的喷薄而出。随而因挂念夫人和汤寿潜之劝告，"以理抑情"，中止了自杀之念。

据此信，汤夫人在上海已经找好新居，在马立司路，具体地址为孟纳拉路 1109 号永年里，今延安中路 825 弄。

二十

汤夫人左右：

近日想已迁居，书籍、器具无失否？仍望整理就绪。用款前已电致家兄，属致三百六十圆，如尚未到，乃可往取。此间尚未解严。天气虽寒，吾尚能耐，但胸中壹②郁，无可发抒尔。君迁居后，所望善自珍摄③。苟天道无知，亦云已矣，委心任运，以守不赀之躯④，则幸甚。

炳麟
十月二十一日

【解说】此信作于 1913 年 10 月 21 日。信中又提及迁居、取款之事，因二人通信往往不能按时送达，章太炎还担心有可能会有未能收到的情形，所以有些事情，会在多封信中反复提及，那么，汤夫人总会收到的。另外，或许也反映了章太炎细心而又略带神经质的性格。

---

① 指西汉司马相如、卓文君事。
② 壹（yì）：通"抑"。
③ 摄：保养。
④ 不赀之躯：赀，估量。指不能以资财估价的身体，言人之高贵。《汉书·盖宽饶传》："用不赀之躯，临不测之险。"

二十一

汤夫人左右：

　　数日不得手书，想迁居事已毕矣。杭存三百六十圆已寄到否？如未寄到，可将吾信寄去，以作催促也。戒严未解，门卫亦未能撤，吾以一月后即当封河，恐欲归不得，往催撤兵，可作归计，而当涂甚不放心，大抵必欲逼令受官，留之京邸，此虽非心所愿，恐亦无可奈何，盖犹胜于虎豹守关也。成败祸福，本难豫知，今亦不得不隐忍待之。幸身体尚安，又颇能耐寒耳（去岁在京，觉天气甚寒。今年春，曾往东三省，故近日又觉京师和暖，盖南、北比较而然也）。君当秋后，颇觉凉否？衣服宜温，弗冒风寒，是为至嘱。书此，即问起居万福。

　　　　　　　　　　　　　　　　　　　　　　　　炳麟鞠躬

　　　　　　　　　　　　　　　　　　　　　　　　十月二十五日

回信望将新迁寓址之门牌号数开明①，以后信函可不写沈转。

　　【解说】此信作于 1913 年 10 月 25 日。据此信，章太炎曾催促陆建章等撤兵，以便自己返回上海，而袁世凯则坚决不肯放行，想要以官职将章太炎困在北京。章太炎似有意应允，以解决当前被警察监守之困境。

二十二

汤夫人左右：

　　得二十四日书，知尚未迁居，御绵后宜自保重，饮食温暖为要。迨迁居时，仍弗令物件遗失、书籍散乱也。严公信前已接到，以心绪恶劣，不暇作覆。此间事如平常，惟躯体顽健②而已。书此，敬问起居万福。

　　　　　　　　　　　　　　　　　　　　　　　　炳麟鞠躬

　　　　　　　　　　　　　　　　　　　　　　　　三十日

---

①　开明：开列清楚。
②　顽健：称自己身体强健的谦词。

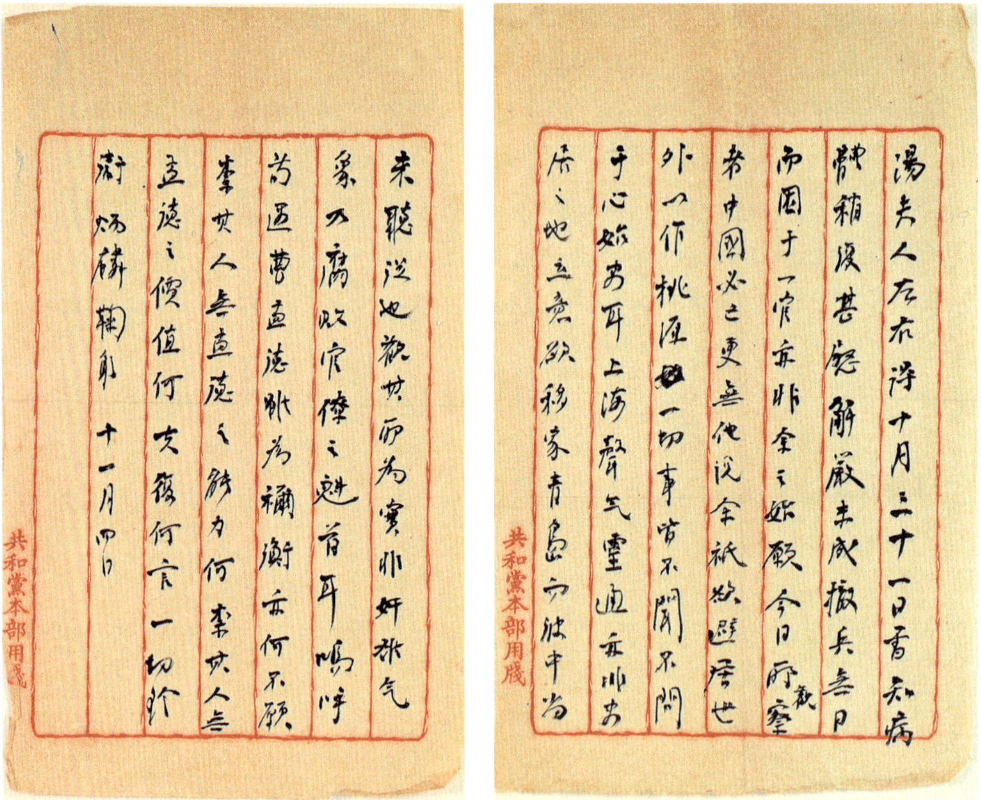

章太炎寄汤国梨信（1913 年 11 月 4 日）

【解说】此信作于1913年10月30日。得汤夫人信即作回覆,于日常生活、迁居事宜,反复叮咛。

二十三

汤夫人左右:

得十月三十一日函,知病体稍复,甚慰。解严未成,撤兵无日。而困于一官,亦非余之始愿。今日所观察者,中国必亡,更无他说。余只欲避居世外,以作桃源,一切事皆不闻不问,于心始安耳。上海声气①灵通,亦非安居之地,立意欲移家青岛,而彼中尚未听从也。观其所为,实非奸雄②气象,乃腐败官僚之魁首耳。呜呼!苟遇曹孟德③,虽为祢衡④,亦何不愿?奈其人无孟德之能力何!奈其人无孟德之价值何!夫复何言。一切珍卫。

炳麟鞠躬

十一月四日

【解说】此信作于1913年11月4日。得汤夫人信即回覆。对于时局,乃有"中国必亡"的失望之情,遂有隐居青岛不问世事的想法。对于袁世凯,章太炎是曾经有过期待的。但一年多以来的现实,使章太炎觉得,袁世凯连曹操那样能拯救乱世的奸雄都算不上,更别提如华盛顿那样的英雄了。

二十四

汤夫人左右:

得五日书,知躯体甚安。迁居在即,尚望留意。北方天气虽寒,而此间有友人为给裘服⑤,不须再寄。近因解散国民党议员,都下人情惶乱。闻湖

---

① 声气:《周易·乾》:"同声相应,同气相求。"这里指消息。
② 奸雄:《三国志》裴松之注引孙盛《异同杂语》云:"(曹操)尝问许子将:'我何如人?'子将不答。固问之,子将曰:'子治世之能臣,乱世之奸雄。'"
③ 曹孟德:曹操(155—220),字孟德。
④ 祢衡(173—198),字正平。少有才辩,性刚傲物。曹操欲见之,衡自称狂生,不肯往。曹操大会宾客,召祢衡击鼓,欲当众羞辱之,反为祢衡所辱。曹操大怒,遣送刘表,表又遣送黄祖,遂为黄祖所杀。
⑤ 裘服:皮毛制成的衣服。

南所杀革命党，皆非此次创独立者，而即辛亥举义之人也。诚如是，则吾辈安有生路？前与军政处一函，彼亦不能自主，重以近日变故烦多，彼何肯为一人谋乎？友人或劝讲学，迎君前来。吾意无可奈何，或作是计，纵令死别，犹愈生离也。唯君图之。别作书一纸，君见之当如见我。此问起居万福。

炳麟鞠躬
十一月八日

【解说】此信作于 1913 年 11 月 8 日。总统选举完成之后，国会开始制定宪法。10 月 14 日，《天坛宪法草案》脱稿，对总统权力颇多限制，令袁世凯大为不满，强令修改，但由于宪法起草委员会中国民党议员占多数，故并未采纳袁世凯所提各项要求。31 日，宪法正式完成，并于 11 月 3 日提交宪法会议，准备公布。11 月 4 日，袁世凯遂下令解散国民党，12 日又取消国民党籍之国会议员。而《天坛宪法》亦随之流产。与此同时，袁世凯任命亲信汤芗铭代替谭延闿主政湖南，而汤遂大肆屠杀革命党人，有"汤屠夫"之称。

二十五

汤夫人左右：

十四日接信并绵衣等物。近日不甚觉寒。前与袁、陆①相商，欲往青岛，彼尚不舍。今日与陆强要，方得撤兵，吾亦约不他往。京师本无味，然已淹留②于此，不可背信，且当以讲学自娱。君亦可来京相伴（前者同人劝接君来，吾未允者，以兵未撤，不欲令同受围也。今已无事，即可来矣）。此间寻房极易，共和党亦可暂住。海道恐已难行，可由津浦③入都也。此问起居万福。

炳麟鞠躬
十八日

如来即发一电。

---

① 袁、陆：指袁世凯、陆建章。
② 淹留：滞留，停留，久留。
③ 津浦：指津浦铁路，于 1908 年（清光绪三十四年）开工建设，于 1912 年（民国元年）全线筑成通车，由天津通往南京浦口的铁路干线。

【解说】此信作于 1913 年 11 月 18 日。11 月初，章太炎致书陆建章，提出离京迁居青岛，断绝与北京人士的往来，意在使其转达袁世凯，表明自己已无意于政治。此后，章太炎又两次致书袁世凯，其第一封发表于 1913 年 11 月 9 日的《顺天时报》上，公开提出"防民之口，甚于防川"，天下议论，不止章太炎一人而已，拘禁他实际上并不能杜绝天下悠悠之口；并再次提出出居青岛。17 日晚 7 时，陆建章接章太炎晚宴，提出"国是未定"，仍请章太炎暂留北京。章太炎则表示国史馆总裁、总统府顾问之职，不能接受。与此同时，陆建章同意暂时撤去巡守在共和党部外的警察。作为交换条件，章太炎则答应不私自离京，同时接受友人的建议，开始考虑在京开国学讲习会。

二十六

汤夫人左右：

十八日上一书，想已收悉。后得手书云"前赴青岛乃召祸之媒①，不知何人出此主意"，此语不然。吾一切皆由自己主张，以京城污秽，上海狂乱，故欲移家青岛，与君终老耳。上海人眼光如豆②，无论爱我忘我，其识见皆卑卑，无一语可听也。但今日此议已销，已用激烈手段要求撤兵，亦被彼要盟暂不离京。然犬羊③窟宅，居之终觉不安。君能来伴则幸矣。千万珍重。

炳麟鞠躬
廿一日

【解说】此信作于 1913 年 11 月 21 日。汤夫人在来信中认为，迁居青岛大为不妥，可能会招致祸端。章太炎的想法，则以为北京、上海皆

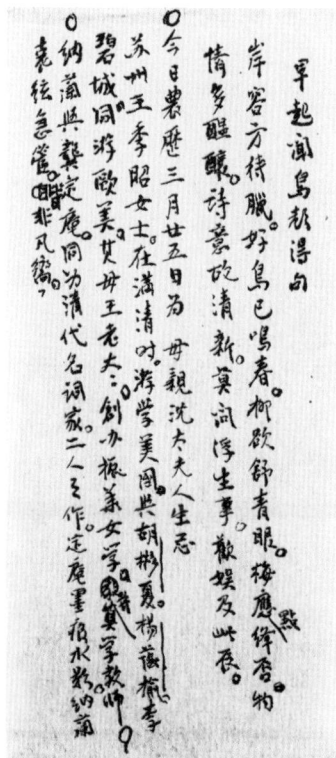

汤国梨手迹

① 媒：指联系双方的事物。
② 眼光如豆：眼光像豆子那样微小，形容见识浅薄。
③ 犬羊：指任人宰割者，如俘虏，囚犯。

不可居，北京则在袁世凯控制下一片污浊，上海则反袁派见识低下而无所作为，所以提出去青岛隐居，也是为了向袁世凯表明自己无意再介入政治。但章太炎的这一想法也没能实现。

二十七

汤夫人左右：

　　得廿二日书，具悉。撤兵以后，袁棍仍不放行，口作甘言，以倚仗人才为辞，吾致书力斥之。昨日欲行，陆建章部下叩头请留。遇软颇难用硬，仍限三日答覆。君试拭目观之，吾必有以制鳄鱼也。

炳麟鞠躬
廿五

　　上海人短见，其言不可听。

【解说】此信作于1913年11月25日。11月9日在《顺天时报》发表致袁世凯公开信之后，袁世凯颇为被动，乃派赵秉钧出面，请章太炎修国史，任国史馆总裁，或总统府顾问。袁世凯软硬兼施，明面上表示要重用人才，暗地里派兵将章太炎监禁起来，却又让这些当兵的用软不用强，使章太炎无法对这些态度低下的"下人"发火，这就是袁世凯的策略，就是不放章太炎离开北京。11月22日，章太炎又致书袁世凯，表明自己不会去做歌功颂德、有类"戏子倡优"的国史官。乃提出设立"考文苑"，研究学术，编印书籍。虽由政府出资，但并非官僚机构，而属于独立在民间的学术机构。对此，章太炎是愿意承担的。信中要求袁世凯三日内答覆，与此信所述相同。

二十八

汤夫人左右：

　　不得手书，或近旬日矣。天气益寒，起居何似？北地常用煤，炉中含毒性，吾甚厌之；木炭又颇难得。君在南，亦宜以厚服自卫，不足则然①木炭，

---

　　①　然：通"燃"。

切不可用煤以自伤也。近数日来，出入稍可自由，而出京之望终不可骤得。有一二都督入京，亦复同困。同人劝以讲学自娱，聊复听之，然亦未尝不招当涂之忌也。若并此不为，则了无生趣矣。此问起居万福。

> 炳麟鞠躬
>
> 初七

【解说】此信作于1913年12月7日。陆建章撤警以后，章太炎行动稍可自由。与此同时，袁世凯也在将各地的独立势力即各省都督招至北京，名为另行任命，实则控制起来，以消灭反对力量。不久黎元洪入京，亦是如此。

二十九

汤夫人左右：

得初七日书，知君近甚寂寥。吾非不欲南归，治装数次，军警皆长跪相留，虽厉声诃叱，责以《约法》明条，彼亦俛首顺受，而攀留①如故也。观此用意，若遂南行，必遭暗杀，所以濡滞不前耳。国史事本由彼中前来运动，既而畏作谤书，彼意遂阻，于是有第二书之语，告以国史所谤者皆有价值人，若无价值人，虽谤亦不足传后也。近以讲学自娱，昨已开学，到者约百人。此事既与文化有关，亦免彼中之忌。俟一月后，君定当北来。京师秽浊，乃在官僚，至于杜门闲居，文史自乐，亦何秽浊之有？古诗云：远道不可思，宿昔梦见之。梦见在我旁，忽觉在他乡②。念至此，岂独我思君，君亦宜思我也，何必忍于生离耶？愿审③决之。此问起居万福。

> 炳麟鞠躬
>
> 十二月十日

【解说】此信作于1913年12月10日。在袁世凯的软禁之下，章太炎离京不得，只好靠讲学度日。而既然一时半会只能在京度日，章太炎便希望夫

---

① 攀留：攀辕恳留，泛指极力挽留。
② 出自汉乐府《饮马长城窟行》。
③ 审：慎重。

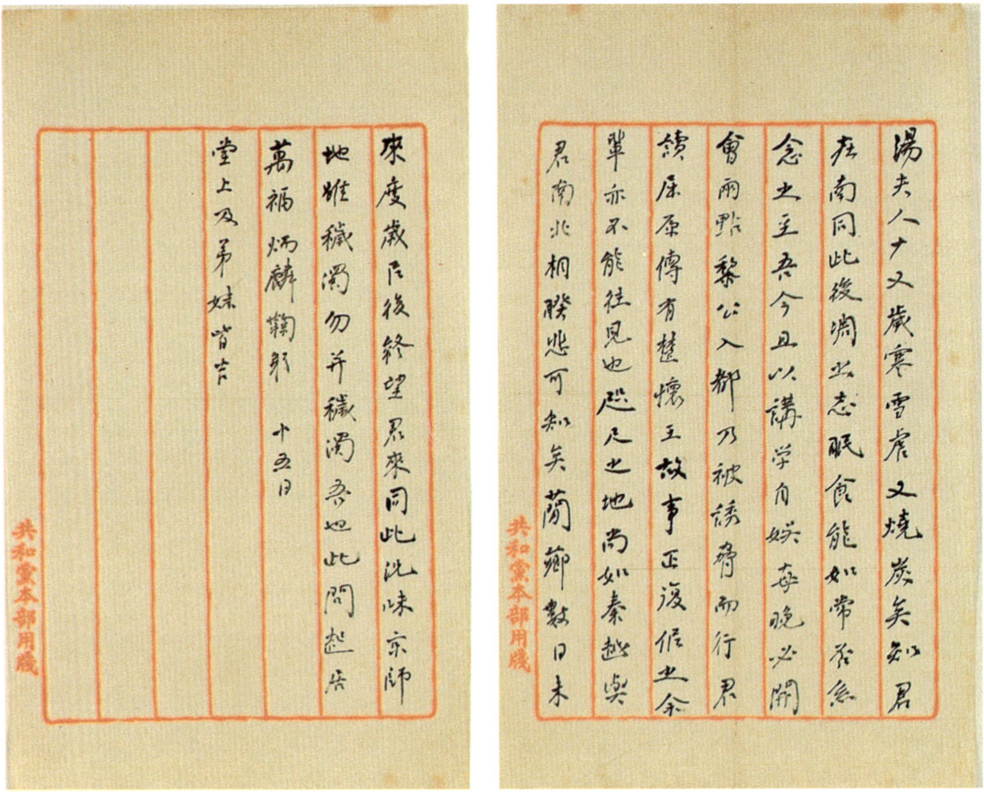

章太炎寄汤国梨信（1913 年 12 月 15 日）

人能北上。生离之苦不堪忍受，徒然彼此相思，不如在京相聚。

信中所谓国史所谤皆有价值人，即11月22日致袁世凯书中言，司马迁、陈寿作史，有"谤书"之讥，是因为其中记载了汉武帝、曹操不光彩的事迹，但汉武帝和曹操，仍旧是对中国历史发展有价值之人，如果像五代时期建立后梁、后晋的朱全忠、石敬瑭等人，便实在不值一提。其意在表明，即使你袁世凯怕我章太炎写出来的国史是"谤书"，但实际上，根本就没有值得我大书特书的人物，包括袁世凯在内。至于去歌功颂德，章太炎是不会去干的。

讲学之事，有多方面的因素：可以作为章太炎在京度日的消遣，减少无聊孤寂之苦；可以在一定程度上打消袁世凯担心章太炎离京从事反袁活动的疑虑；同时，也是针对当时康有为、陈焕章等人的"孔教会"。12月9日，章太炎发布《国学讲习会通告》："余主讲国学会，踵门来学之士亦云不少。本会专以开通智识、昌大国性为宗，与宗教绝对不能相混。其已入孔教会而复愿入本会者，须先脱离孔教会，庶免薰莸杂糅之病。"同时又有《驳建立孔教议》《反对以孔教为国教篇，示国学会诸生》等文章，一方面，反对将孔子视作教主，避免用一个宗教来压制、束缚人的思想；另一方面，也反对"孔教会"所暗中图谋的复辟帝制之心。而对于以孔子儒学教化民众，启迪民智，章太炎是支持的。

三十

汤夫人左右：

岁寒雪虐，又烧炭矣。知君在南同此后凋[1]之志，眠食能如常否？系念[2]之至。吾今且以讲学自娱，每晚必开会两点[3]。黎公入都，乃被诱胁而行。君读《屈原传》，有楚怀王故事[4]，正复似之。余辈亦不能往见也。咫尺之地尚如秦越，与君南北相睽，悲可知矣。蒻芳数日未来，度岁以后，终望君来，

---

① 《论语·子罕》："岁寒，然后知松柏之后凋也。"

② 系念：牵挂，挂念。

③ 两点：指两小时。

④ 《史记·屈原列传》："时秦昭王与楚婚，欲与怀王会。怀王欲行，屈平曰：'秦，虎狼之国，不可信，不如毋行。'怀王稚子子兰劝王行：'奈何绝秦欢！'怀王卒行。入武关，秦伏兵绝其后，因留怀王，以求割地。怀王怒，不听。亡走赵，赵不内。复之秦，竟死于秦而归葬。"

同此况味①。京师地虽秽浊，勿并秽浊吾也。此问起居万福。

炳麟鞠躬
十五日

堂上及弟妹皆吉。

【解说】此信作于 1913 年 12 月 15 日。信中提及《论语》所谓"岁寒，然后知松柏之后凋也"，即表达章太炎与汤国梨皆有经风雪摧残而不屈之志。

10 月 7 日，国会选举黎元洪为中华民国副大总统；12 月 11 日，黎元洪抵达北京。对此，章太炎以为黎元洪乃是为袁世凯所诱骗加威胁，一如虎狼之窟，即在袁世凯掌握范围之内，前途、生死皆为袁世凯所控制，再无自由。

自 12 月 9 日起，章太炎开始在共和党本部会议厅大楼讲学，到者约有百人，袁世凯亦派人来监察。讲学次序，星期一至三讲文学科的小学，星期四讲文科的文学，星期五讲史科，星期六讲玄科。讲授之时不取书籍，自编讲义，而原原本本，如数家珍，连袁世凯派来监视的人也听之入迷。

三十一

汤夫人左右：

得十九日书，欣甚。岁且更始，寒气迫人，知君围炉尚无温暖，余在此亦徒见雪虐风饕②也。来岁果能相就③，不胜跂望④。都下狐鼠成群，吾之所在，亦不敢犯。讲学之事，聊以解忧。资用稍绌，北方学子恐亦未必能大就⑤也。书此，敬问起居万福。

炳麟鞠躬
长至日⑥

---

① 况味：境况和情味。

② 雪虐风饕（tāo）：虐，暴虐；饕，贪残。风雪交加，形容天气非常寒冷。唐韩愈《祭河南张员外文》："岁弊寒凶，雪虐风饕。"

③ 就：归，趋，从。

④ 跂（qǐ）望：踮起脚尖向前望，形容盼望心切。《诗经·卫风·河广》："谁谓宋远？跂予望之。"

⑤ 就：成，成就。

⑥ 长至日：此处指冬至日，冬至日以后，白昼渐长，黑夜渐短。《太平御览》引后魏崔浩《女仪》："近古妇人常以冬至上履袜于舅姑，践长至之义也。"

【解说】此信作于1913年12月22日。冬至之时，不仅天气风雪交加，还有政治氛围上的严酷。虽然对于京中小人，章太炎不屑一顾，料他们不能拿自己怎么样，可还是希望夫人能陪在自己身边。

三十二

汤夫人左右：

　　明日即除夕矣。孤栖穷朔①，岁寒迫人，念君在南，同此悲愤，惟愿慎节饮食，厚御裘衣，以待春和，期与君握手也。资用有无匮乏？仆役都听指挥否？近闻季刚②贫极，至于典衣，知其穷困而不能救，此子亦常到吾家否？湖北刘禹生③为吾旧友，近亦携眷归南，暇日想当来望，一切细情，刘君皆能言之也。何时聚首，跂予望之！书此，敬问起居万福。

炳麟鞠躬
三十日

【解说】此信作于1913年12月30日。信中言"明日即除夕"，见其亦用西历。岁月交替，惦念夫人孤身在南方，不知如何度日。而自己的近状，则托朋友刘禹生带到。

三十三

汤夫人左右：

　　得信知因事奔走，致于触伤，感君之诚，不胜悲楚。吾在京亦无他事，而彼坚不放行，虽称撤兵，其耳目侦探布于都城也。昨有蔡庆全来见，系吾

---

① 穷朔：极北之地，泛指北方。
② 季刚，即黄侃（1886—1935），字季刚，湖北蕲春人。1905年留学日本时从学于章太炎，是章太炎最重要的弟子之一，"章门五王"之"天王"，其余四王为：东王汪东，南王钱玄同，西王朱希祖，北王吴承仕。黄侃最重要的学术成就在语言文字学，与章太炎并称，遂有传承至今的"章黄学派"。
③ 刘禹生，即刘成禺（1875—1952），湖北武昌人，生于广东番禺。1903年加入兴中会，1911年武昌起义爆发后回国，任中华民国临时参议院湖北省参议员、临时参议院议员。1913年4月，第一届正式国会开幕，任参议院议员。"二次革命"爆发后，刘成禺被袁世凯通缉，前往上海。后追随孙中山。撰有《世载堂杂忆》等。

旧时属吏，云将至上海，与君相见。此辈不过受政府属托来作奸细，以后有托不旧友故交者，请勿复见之。京师事状，近益离奇，总理熊希龄以偷窃热河皇宫宝器为清内务府世续①所控告。语云：其父杀人，其子必且行劫②。今竟信然。吾辈乃与鹿豕③同居，真愤愤也。天寒少火，勉自珍卫。

炳麟鞠躬
三十一日

【解说】此信作于1913年12月31日。昨日一信，今日收到夫人来信，马上又作回覆。汤夫人在南，也一直在想办法，不断托朋友，乃至向袁世凯、黎元洪上书，希望能助章太炎脱困。

此时，开始有受袁世凯及其党羽指使，南下游说汤国梨的"奸细"。对此，章太炎从最开始就有所防备，叮嘱夫人，不是旧友故交，皆不可信，甚至完全可以拒不接见，以免上当。

所谓熊希龄盗卖热河行宫古物案，1912年下半年，熊希龄任热河都统，援引旧例，将行宫古物清查后，分门别类，登记在册；又呈请内务府批准，对行宫内年久失修的殿宇楼台进行修缮，以备参观之用。为了解决修缮经费，熊希龄又呈文袁世凯和国务院，"拟请选库内所藏瓷器之稍贵重者，在京、沪等处变卖数十件，如得善价，即可徐图布置"。此呈文被批示照准。熊希龄用拍卖所得白银一万余两，修葺了行宫。但1913年，北京古物市场上出现了出自热河行宫的古物，遂有熊希龄盗卖之说。最后之调查结果，则与熊希龄无直接关系。或以为此事为袁世凯授意，以胁迫熊希龄同意袁世凯解散国民党、开除国民党籍国会议员的命令。而受此事牵累，熊希龄于1914年初辞去国务总理之职。在此，章太炎亦相信熊希龄与此事有关，所以指斥袁世凯、熊希龄"上梁不正下梁歪"，都是一群小人。

---

① 世续（1852—1921），字伯轩，索勒豁金氏，隶满洲正黄旗，清末军机大臣。武昌起义后，赞成清帝逊位。
② 宋苏轼《荀卿论》："今观荀卿之书，然后知李斯之所以事秦者，皆出于荀卿而不足怪也……其父杀人报仇，其子必且行劫。"
③ 鹿豕：鹿与猪，指无知、愚蠢之人。

三十四

汤夫人左右：

　　吾自一月三日欲行，火车失期，黎公留之三日。至七日前，向袁氏辞行，知其不舍，欲面见与言。在承宣处候至七、八点钟，袁氏忽派宪兵、警察十余人前来相逼，挟至军事教练处安置。与彼业已破面①，惟有以死拒之。而黎公忽受彼运动②（黎公本长者，竭力调护③，但不免受人之忌），令陈绍唐④、何雯⑤前往上海接君来京，盖以家室在北，则无南行之虑。前者吾亦欲以是销其疑忌，今则不复念此矣。陈、何二人，皆招摇撞谝⑥之徒，乘人之危，冀以自利，油嘴造谣，以黑为白，此次南来，必受政府财贿可知。如果欲面谒，即当严拒弗见。彼辈无策，则必请刘禺生、黄季刚转说，二君亦多过计⑦，其言不尽可听也。处事有疑，只当请教蛰仙⑧先生。今日公正人，惟有此公；细密人，亦惟有此公，其余皆不足道也。家居穷迫，宁向亲朋借贷，下至乞食为生，亦当安之，断不受彼呼蹴之食⑨。陈、何辈若以钱来接济，尤当严厉拒之。如君高尚之性，洁白之心，必有以副我雅志也。死寿无日，魂梦相见。

炳麟鞠躬
十二日

---

①　破面：撕破脸面，翻脸。
②　运动：游说他人或奔走钻营以求达到某种目的。
③　调护：营救，保护。《史记·留侯世家》："烦公幸卒调护太子。"
④　陈绍唐，本名陈自新，曾为上海爱国中学学生。曾任统一党参事，支持袁世凯复辟。后任《上海时报》驻北京记者，常在报纸上称国务总理段祺瑞为"相国"，由此获得段祺瑞垂青，被任命为国务院参议。
⑤　何雯（1884—1925），原名何希霖，又名震，字筱石、雷溪，号雨辰、宇尘，又号澄照居士，安徽怀宁人。早年赴日留学，毕业于日本法政大学，回国后曾任上海《神州日报》。辛亥革命后加入共和党，1913年当选国会议员。后赴上海与于右任等先后办《民呼》《民吁》《民声》和《神州日报》《新中国报》等。著有《湖南风土记》《论符》《澄园文稿》《龙潭室诗钞》《澄园诗集》等。
⑥　谝（piǎn）：花言巧语，欺骗诈骗。
⑦　过计：错误的谋划或过多的考虑。
⑧　蛰仙：即汤寿潜。
⑨　呼蹴（cù）之食：《孟子·告子上》："一箪食，一豆羹，得之则生，弗得则死。呼尔而与之，行道之人弗受；蹴尔而与之，乞人不屑也。"蹴尔，践踏貌，喻指无礼的污辱性的施舍。

湯夫人左右：不晤倩，一月三日欲行，失期繫於官之

二日至五日前向袁氏辭行，知其不擬於面見與寄在水

宣處候至七八點鐘袁氏忽派密史警拏十餘人前來相

逼挾出軍事教練處陳慶高寓袁派軍士強而北方入致拒

之，而袁公忽受賄庚何雲而往上海捜見

來京意在今如石硅念此無南行之慶而吾猶少生韶

其莼忘今如石硅念此以無陳待二人皆被摧揺捕之速

袁人之危冀以何知油嘴造謠以里為白，此次南來必受

外附与蛰仙先生书一函（再，此中情节，君不妨直作一函与黎公道破其情，书径寄瀛台①可也）。

【解说】此信作于1914年1月12日。信中言7日向袁世凯辞行之事，即鲁迅《关于太炎先生二三事》中所谓"以大勋章作扇坠，临总统府之门，大诟袁世凯之包藏祸心"一事。1914年1月14日《申报》载："章太炎来京日久，日前择期出京，已行至车站，将起身矣。……忽于七号早前往总统府，坚求谒见。适值总统有事与总理谈话，不能晤面。章遂在外遇承宣官大闹，谓'总统因何不见，理会何人？'承宣官答言总理。章手执团扇一柄，团扇之下系以勋章，足穿破官靴一，在院内疯言疯语，大闹不休。及至熊总理出后，章又大闹，谓'总统现又会谁？'承宣官答言'向瑞琨'。章大呼曰：'向瑞琨一个小孩子可以见得，难道我见不得么？'于是又要见总理及梁秘书长。承宣官答言：'今日政治会议开会去了。'章又要见张一麐，张亦往政治会议开会。章又要见各秘书，承宣官无可如何，往各处寻找秘书，各秘书你推我让，均不愿见。"章太炎之蔑视权势，由此可窥一斑。

1月14日，内务总长朱启钤、军政执法总长陆建章"呈大总统文"，称章太炎之大闹总统府为"神筋瞀乱，举止失度，实由于身体薄弱，精神变质，易于感触幻觉，突然发作，有不可抑制之行为，是为精神病之主症"，并提出"拟于章炳麟精神未能回复以前，暂行交由京师警察厅，另择相当住室，妥为安置。精备饮馔以安之，广置图史以娱之。仍常川派员监护，不时延医诊治"，即以精神病为名遮掩章太炎之大骂袁世凯，以保护为名将章太炎软禁。由此开始，章太炎遂被袁世凯直接拘禁起来。

三十五

汤夫人左右：

得二十日手书，悲愤欲绝。余在此已二星期，不见天日，左右更无他人，

---

① 瀛台：位于中南海之中。始建于明朝，清朝顺治、康熙年间曾两次修建，是帝王、后妃的听政、避暑和居住地。因其四面临水，衬以亭台楼阁，像座海中仙岛，故名瀛台。戊戌变法失败后，光绪帝曾被幽禁于此。黎元洪进京后，亦居于瀛台。

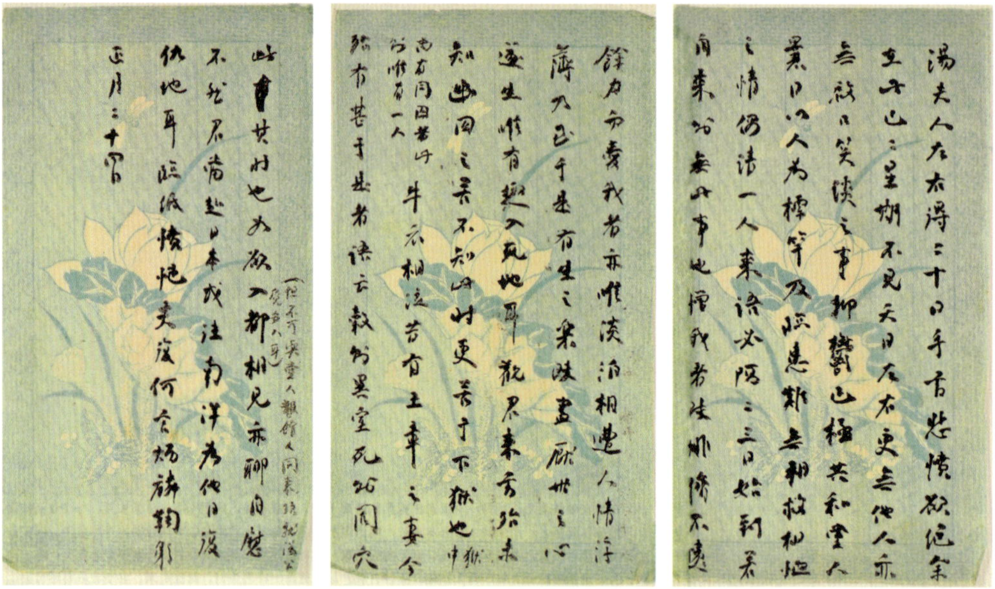

章太炎致汤国梨信（1914 年 1 月 24 日）

亦无启口笑谈之事，抑郁已极。共和党人曩日①以人为标竿，及临患难，无相救相恤之情，偶请一人来语，必隔二三日始到，若自来，则无此事也。憎我者既排挤不遗余力，而爱我者亦唯淡泊相遭②，人情浮薄，乃至于是。有生之乐既尽，厌世之心遂生，唯有趣③入死地耳。观君来书，殆未知幽囚之苦，不知此时更苦于下狱也。狱中尚有同囚者，此则唯有一人。牛衣相泣，昔有王章之妻④，今殆有甚于是者。语云：榖则异室，死则同穴⑤。此其时也。如欲入都相见（但不可与党人、报馆人同来，须就汤公觅妥人耳），亦聊自慰。不然，君当赴日本，或往南洋，为他日复仇地耳。临纸愤悒⑥，夫复何言！

炳麟鞠躬
正月二十四日

【解说】此信作于1914年1月24日。章太炎被囚军事教练处，完全失去自由。自己所在的共和党，竟无人救援乃至探望，令章太炎大失所望。在此之际，章太炎以为将不免一死，那么，对于汤夫人，章太炎有两种安排，或者至北京共同赴死，或者流亡海外，以图将来复仇。

三十六

汤夫人左右：

　　二十四日寄去一书，想已收悉。今日又接二十三日来信，彼处已为收拾房屋，作久留计，固非所愿，然不从亦不得出劫质之所。君果能来，可以免

其疑虑。欲救倒悬①，亦舍此无术也。待事一定后，吾当派人迎君，或君处自择妥人同行皆可。先此布达，余候后述。

炳麟鞠躬

二十六日

【解说】此信作于1914年1月26日。此时，章太炎已得知袁世凯在为其安排住所，听从其意不离开北京，便可免遭拘禁。无奈之下，章太炎不得不从。与此同时，出于为了进一步解除袁世凯对他的疑虑之心的考虑，他希望夫人进京，这样，夫妻二人都在袁世凯的掌控之下，章太炎也就不会有其他举动了。

三十七

汤夫人左右：

得三十日书，君以一女子，乃能忼慨坚卓如是，且喜且悲也。迩来都中举措益复暗无天日。友人有川边经略尹昌衡②者，转战塞外二千余里，辛苦备尝，蛮夷摄服。政府忌其多功，阴令四川都督及赵尔丰③余党上书告之，遂囚之陆军部，以待审判。并有人请为赵尔丰立专祠矣。荒谬至此，夫何言哉。余与此君同系④而分在两地，虽欲为楚囚对泣⑤，尚不能也。惟余事与尹君异者，为在政府主意专以威暴加之，而不以法律相折。彼既以马贼自处，

---

① 倒悬：头向下脚向上地悬挂着，比喻处境非常困苦危急。《孟子·公孙丑上》："当今之世，万乘之国行仁政，民之悦之，犹解倒悬也。"

② 尹昌衡（1884—1953），原名昌仪，字硕权，号太昭，别号止园，四川彭县（今彭州市）人。早年赴日留学，1911年诱捕四川总督赵尔丰，并公审处斩首。后被袁世凯骗至北京，以"亏空公款"罪，处以9年徒刑。1916年袁世凯死后出狱，从此闲居。著有《止园文集》等。

③ 赵尔丰（1845—1911），字季和，祖籍襄平（今辽宁省辽阳市），汉军正蓝旗人。长期在川藏任职，曾平定西藏上层贵族策划的叛乱事件。1911年接任四川总督。保路运动兴起后本欲上奏朝廷为民众请命，但清廷却急电赵尔丰镇压保路运动，并将湖北新军调往四川，从而导致湖北兵力空虚，爆发了武昌起义。同年10月，为尹昌衡所杀。

④ 系：拘囚。

⑤ 楚囚对泣：《晋书·王导传》："当共勠力王室，克复神州，何至作楚囚相对泣邪。"楚囚，指春秋时被俘到晋国的楚国郧公钟仪。《左传·成公九年》："楚子重侵陈以救郑。晋侯观于军府，见钟仪，问之曰：'南冠而絷者，谁也？'有司对曰：'郑人所献楚囚也。'"喻指处于情况困难、无计可施的境地。

则吾犹稍幸于尹君也。劫迫在此，或一月矣。友人常来相视，尚不过一二人。此外则惟日本人为登报不平，高丽人或偶来瞻顾。吾人志节，为外人所崇重，而不见国人为之愤懑，盖雷霆万钧之势压之使然也。同功一体①之人，一时俱尽，上者戮辱，次者逋②逃，下者亦淹滞③耳。人生至此，亦焉得不求死地？使彼能以白刃相加，所欣慕也。彼意乃欲絷④维之，挫折之，而不令一死以召谤议，此其可恨者耳。收拾屋舍，乃黎公主意。黎公本煦煦为仁⑤，性如老妪，最得意者，乃为家庭之乐，不欲人室家仳离⑥，其中亦有诚意存焉。但今之黎公，亦笼中物耳，其意半出至诚，半受运动，吾固不能听其指挥，亦不能不虚与委蛇也。所以刚柔迭用者，正以是故。幸而得出，欲令从俗浮沉⑦，优游卒岁⑧，自度有所未能。若借君以为要挟，吾侪志已坚定，亦自有所不受耳（偕老之愿难知，同死之心犹在，幸弗见弃也）。君之举止仍望请教蛰公。蛰公之言，宜刚不宜柔（南洋新加坡有希路士的立商会长林秉祥⑨者，乃吾辈旧同志也。彼处皆光复会人，于余最倾心崇拜，亦多崇拜蛰公。林君本由余介绍入共和党，去岁被宪兵围守，南洋华侨皆不平，曾电致黎公。黎时未知实状，亦不措意⑩。今望蛰公发电与之，使华侨鸣不平于政府，乃为上策）。盖政府以吾孤立，故蹂躏无所忌惮，欲求解围之策，乃在舆论可畏耳。沈贵且无庸⑪来京。待君行止定后，再作计画也。书此，即问起居。

炳麟鞠躬

二月二日

---

① 同功一体：功绩及地位相同。《史记·黥布列传》："往年杀彭越，前年杀韩信，此三人者，同功一体之人也，自疑祸及身，故反耳。"

② 逋（bū）：逃亡。

③ 淹滞：久沉滞于下，不得官或不能迁升。《左传·昭公十四年》："诘奸慝，举淹滞。"

④ 絷（zhí）维：絷，本指用绳索绊住马脚，亦指绊马之绳索。维，系缚。《诗·小雅·白驹》："皎皎白驹，食我场苗，絷之维之，以永今朝。"本指示留客之意，后以"絷维"指挽留人才，此处指拘囚、监禁。

⑤ 煦（xù）煦为仁：煦煦，惠爱的样子。唐韩愈《原道》："彼以煦煦为仁，孑孑为义。"

⑥ 仳（pǐ）离：别离。

⑦ 浮沉：犹言随波逐流，追随世俗。

⑧ 优游卒岁：悠闲度日。《诗经·小雅·采菽》："优哉游哉，聊以卒岁。"

⑨ 林秉祥（1873—1944），浒茂岛溪洲村（今福建省龙海市）人。著名实业家，曾创办和丰轮船公司、和丰银行。曾任新加坡中华总商会会长。

⑩ 措意：留意，注意。

⑪ 庸：须，用，多用于否定句。

章太炎致吴炳湘信

此书望转示蛰公。

【解说】此信作于 1914 年 2 月 2 日。袁世凯对于异己者，尤其是在中华民国建立过程中发挥重要作用、建立功绩者，采用暗杀、通缉、拘捕、软禁等多种方式予以防范、打击乃至消灭，并不止章太炎一人遭此境遇。在此境况之下，章太炎刚柔并济，一方面与袁世凯势力虚与委蛇，在明面上不公开表示反对；另一方面则坚守不屈之志，保持独立的人格。

三十八

汤夫人左右：

得初九日书，谓彼中始将诱之，终徐图之，乃可以免谤议。何其深于料事！盖受蛰公之教，善于推察物情矣。吾亦未尝不计及此。惟忧愤勃兴，无人解慰，故思君良切耳。二十日，吴炳湘①迁我于龙泉寺②，身无长物，不名一钱，仆役饮食，皆制于彼。除出入自由外，与拘禁亦无异趣。下床畏蛇食畏药③，至此乃实现其事矣。大抵吾辈对于当涂，始终强硬，不欲与之委蛇也。而赔偿损害，实彼所当行，吾所当要求者。考文苑④等名目，但避去赔偿损害之名词耳（今则但以索赔为言，不言考文苑矣，盖破面之后，意态自殊也）。来书言宗旨不定，此盖误听报纸之言。夫有所乞怜于人，与有所要求于人，其事既异，其情亦殊。若吾辈今日忽欲受彼官佐，营求禄仕，此诚为宗旨不定矣。今所要求者，非此之谓也。彼既违背约法，制人迁居，在京一日，彼即当赔偿损害一日，焉能放弃权利而任彼恣睢⑤也！况京师友人既少，

---

① 吴炳湘（1874—1930），安徽合肥人。出身军旅学堂，早年即追随袁世凯。袁任中华民国临时大总统后，任京师警察厅总监、总统府秘密侦探处主任、京师警察厅厅长兼市政公所会办，深得倚重。积极拥护袁复辟。袁世凯死后，投入皖系。

② 龙泉寺：位于北京市海淀区西北边，今凤凰岭自然风景区内，坐落在北京西山凤凰岭山脚下，是一座汉传佛教寺院，始建于辽朝应历初年。

③ 出自唐韩愈《八月十五夜赠张功曹》。原指南方地区多毒蛇，又有蛊毒，食用即死，危机重重，生存不易。此指章太炎在被幽禁期间，也时刻有丧失生命的担忧。

④ 考文苑：指函夏考文苑，马相伯、梁启超、章太炎等人倡议，仿效法兰西学院（French Academy）在中国设立的最高学术研究机构。最后该设想并未能实现。

⑤ 恣睢：放纵、暴戾的样子。

无可假贷①。仆役之徒，惟视财物，此而不得，则自为彼作眼目矣。画棰②行牧，不足以驱一羊，谁能忍此终古③也（有钱则侦探还为我用，无钱则仆役皆为彼用，今日事势如此）！得十七日书云：决计不来，竭力为图归计。诚能达到目的，岂不甚善！但观彼中猜忌之情，惟此一端，最为注意，有何善策而能成就耶？蛰公思想周密，恐亦无法。国务院中人物，虽有与蛰公深交者，但当涂不愿人说好话，伴食④诸公，惟有鞠躬俛首耳，亦安敢出一言以撄⑤乳虎乎？吾今思之，惟有一策，则求解于南洋华侨也。当涂顾盼自雄⑥，谓天下莫予毒⑦，而有一弱点存焉，最畏外国人，次畏南洋华侨耳。一畏其与孙、黄相联，二畏其不肯捐款。林秉祥辈本有意兴办实业，欲吾往与其事。今计惟请蛰公速函达林秉祥，属其致电政府为鸣不平，且以办理实业相属，政府固必不见听，而因是必不敢加害，亦可稍予以活动。此步成后，再求第二步耳。今者厨夫牧圉⑧，皆可以坐制主人，不求外济，更有何法乎？其余想尽方法，皆是空言，不为实用也。愿将此理切实告知蛰公。春气渐和，善自珍摄。

炳麟鞠躬
二十一日

此信除示蛰公外，切弗示他人。蛰公阅后即焚之。

【解说】此信作于 1914 年 2 月 21 日。当日，章太炎被吴炳湘迁至北京龙泉寺（此信作 20 日，后一信作 17 日，而致吴炳湘信作 21 日；又据相关档案，应为 21 日），至 6 月 16 日因绝食而被迁出，凡被拘禁于龙泉寺者 116 天，是为章太炎在北京时期被限制最严格、过得最为艰苦的一段日子，往来书信皆遭审查，或有不得发送者。在此期间，给夫人的信，保留下来的也只

---

① 假贷：借贷。
② 画棰：有画饰的击打马、牛、羊等的鞭子。
③ 终古：久远，永远。
④ 伴食：陪同进食。唐时朝会毕，宰相率百僚集尚书省都堂会食，后遂以指居高位而无所作为。
⑤ 撄：接触，触犯。
⑥ 顾盼自雄：左顾右盼，自视不凡，得意忘形。《宋书·范晔传》："及在西池射堂上，跃马顾盼，自以为一世之雄。"
⑦ 莫予毒：莫，没有；予，我；毒，分割，危害。比喻为所欲为，毫无顾忌。《左传·宣公十二年》："及楚杀子玉，公喜而后可知也，曰：'莫余毒也已。'"
⑧ 牧圉（yǔ）：养牛马的人。

有四封，其中还包括了最后的"绝命书"。

袁世凯曾派长子袁克定为章太炎送锦缎被褥，为章太炎焚毁掷出。据说袁世凯曾亲自定下软禁章太炎的八条规定交给陆建章："一，饮食起居用款多少不计；二，说经讲学文字，不禁传钞，关于时局文字，不得外传，设法销毁；三，毁物骂人，听其自便，毁后再购，骂则听之；四，出入人等，严禁挑拨之徒；五，何人与彼最善，而不妨碍政府者，任其往来；六，早晚必派人巡视，恐出意外；七，求见者必持许可证；八，保护全权完全交汝。"陆建章对章太炎尚表尊重，曾说："太炎先生不可得罪，用处甚大，他日太炎先生一篇文章，可少用数师兵马"；"太炎先生是今之郑康成，黄巾过郑公乡，尚且避之，我奉极峰命，无论先生性情如何乖僻，必敬护之；否则并黄巾之不如了"。

三十九

汤夫人左右：

十三、十六两函并皆拆阅，言不阅者妄也。来书劝以慎默，危行言孙①，固当如是。但明知慎默不足以解其疑，故落得忼慨耳。君果能来，当以己意行之，不可因人成事。盖何人送君北上，即何人可以讨好于政府也。吉孚虽无他心，有《神州日报》馆在，不必与之同往。若自来迎迓②，恐政府断不放此一行，能向蛰公处觅一妥人送上，乃为合宜。但此时恐无旅费来京，亦无住处。应否待事解后自来，还请就蛰公商之也。

炳麟鞠躬
二十日

【解说】此信当作于1914年3月20日。年初黎元洪派何雯、陈绍唐至上海迎汤国梨北上，故信中有"何人送君北上，即何人可以讨好于政府也"之语。对于汤国梨是否应该进京，章太炎还没有明确的主意，龙泉寺非安居之所，自己也还困于财用，所以请夫人与汤寿潜商量决定。

---

① 危行言孙（xùn）：危，端正，正直；孙，通"逊"，谦逊。指正道而行，但言语谦退。《论语·宪问》："邦有道，危言危行，邦无道，危行言孙。"
② 迓：迎接。

四十

汤夫人左右：

　　清明日一书具悉。吾自二月十七日迁龙泉寺，仍被长褂巡警监视，信亦不能寄去，因是默默耳。近惟以数册破书消遣，而数见不鲜，亦颇厌倦矣。身体无恙，惟一人独处，思虑恒多，夜至两点钟后方能熟眠，有时竟至天亮，早起则在两点前后矣。卫生①之道，至此全乖②。平素虽尝学佛坐禅，思虑掉举③之时，却又无用。迩来万念俱灰，而学问转有进步，盖非得力于看书，乃得力于思想耳。幸得苟全，此事终不能放过。次则平生所好，又在医学。君亦尝涉猎及此，愿同注意。家中颇有医书二三十部，皆宋、明精本，数年搜求，远及日本而后得之，望为我保持也。昔人云：不为良相，当为良医。吾视陆宣公④固亦无任⑤，而功业略可相比，困穷亦与之同。勉思此公乃吾浙江前辈，心焉慕之矣。君近日身体安否？幸勿愁烦，死生离合，委之于天，亦不得已也。此问起居万福。

炳麟鞠躬

四月初九日

　　【解说】 此信作于 1914 年 4 月 9 日。信中比较详细叙述了自己被幽居龙泉寺的情况。身体尚健康，但心理思虑较重，而因多思多想，反而促成了自己思想、学问的进步。尤其是在此一时期，章太炎的佛学又精进了一层。此所谓佛学，即是个人内心修养的功夫，即是修心之一法。信中又请夫人注意的，则是自己所搜集的医书，特请夫人善加保存。

---

　　① 卫生：养生。

　　② 乖：背离。

　　③ 掉举：心思散乱。

　　④ 陆宣公：指唐代宰相陆贽。陆贽（754—805），字敬舆，苏州嘉兴（今浙江嘉兴）人。唐代宗大历八年（773 年）进士，中博学宏辞科。唐德宗即位，由监察御史召为翰林学士，迁中书侍郎、同平章事。为相时，指陈弊政、废除苛税。死后谥号曰"宣"。陆贽为中唐贤相，其学养才能、品德风范，深得当时及后世称赞。陆贽工诗文，尤长于制诰政论。有《陆宣公翰苑集》及《陆氏集验方》传世。

　　⑤ 无任：不胜，不如。

四十一

汤夫人左右：

不通函件几四旬。以吾憔悴，知君亦无生人之趣也。幽居数月，隐忧少寐，饮食仆役之费，素①皆自给，不欲受人餧养②，今遂不名一钱，延至六月，则槁饿③而死矣。亦不欲从人告贷，及求家中寄资。盖如劳瘵④之人不可饮以人参上药，使缠绵⑤患苦不速脱离也。乌呼！夫复何言！知君存念，今寄故衣，以为记志⑥，观之亦如对我耳。斯衣制于日本，昔始与同人提倡大义，召日本缝人为之。日本衣皆有圆规标章，遂标"汉"字，今十年矣。念其与我同更患难，常藏之箧笥以为纪念。吾虽陨毙，魂魄当在斯衣也。亡后，尚有书籍遗稿留在京师，中有自写诗一册，又自定文稿，皆在箧中。去岁得范文正⑦遗卷，未必是真，亦在箱内。君幸能北来一樆⑧，庶⑨不至与云烟俱散。自度平生志愿未遂，惟薄宦⑩两年，未尝妄取非分，犹可无疚神明耳。先公及太夫人墓在钱塘留下村九条沙，自更患难，东窜嵎夷⑪，违⑫冢墓者八岁矣。辛亥旋归，半岁中抵杭三次，则皆以尘事迫促，又未及躬自展省⑬，家次兄宅中，亦只一宿耳。违离茔兆⑭遂十一年。今岁八月四日，则先公九十生辰也，自去岁初

---

① 素：向来。
② 餧养：同喂养。
③ 槁饿：穷困饥饿。
④ 劳瘵（zhài）：痨病，即肺结核。
⑤ 缠绵：久病不愈。
⑥ 记志：留念。
⑦ 范文正：指宋代范仲淹。范仲淹（989—1052），字希文，苏州吴县人。少时贫困力学，入仕后有敢言之名。宋仁宗庆历中，任参知政事，建议十事，倡导革新。去世后谥"文正"。范仲淹政绩卓著，文学成就突出。《岳阳楼记》中"先天下之忧而忧，后天下之乐而乐"的名句，传诵千古。
⑧ 樆：通"摹"。殆指将章太炎遗稿摹刻出版。
⑨ 庶：希冀之词。
⑩ 薄宦：卑微的官职。
⑪ 嵎（yú）夷：东方偏远之地。《尚书·尧典》："分命羲仲，宅嵎夷，曰旸谷。"这里指日本。以上指1903年，章太炎因"苏报案"（在《苏报》上发表《驳康有为论革命书》和邹容《革命军》序，斥骂光绪，主张革命）被判入狱三年，1906年出狱后东渡日本。
⑫ 违：离开。
⑬ 展省：省视坟墓。
⑭ 茔兆：坟墓。

春已拟及时为营佛事，以抒永怀，今遂不得果愿。君于是日当为我谒祭墓前，感且不朽。吾生二十三岁而孤，愤疾东胡①，绝意②考试，故得研精学术，忝

章太炎绣有"汉"字的衣服

为人师。中间遭离③祸难，辛苦亦已至矣。不死于清廷购捕之时，而死于民国告成之后，又何言哉！吾死以后，中夏文化亦亡矣。家本寡资，谂④君孤苦，能勤修自业，观览佛经以自慰藉，此亦君之所能，而尊舅氏縠臣先生之遗教也。吾在日本曾购小字藏经一部，今书籍及藏经并寄存哈同花园⑤黄中央⑥处，可以往取。惟《瑜伽师地论》⑦在家，此书百卷，精微奥博不可复加，观之益人智慧。长老⑧如蛰仙先生，至戚如龚未生⑨，皆宜引为自辅。此二君者，死生之际，必不负人，其余可信者鲜矣。北仆亦宜黜去，此辈只知势利，主穷则无所不为也。韩镇在京间，其窃吾书籍、衣服，

① 东胡：本指春秋战国时居于匈奴以东的族群，乌桓、鲜卑皆为其后。此处指满洲。
② 绝意：断绝某种意念。
③ 离：通"罹"，遭受。
④ 谂（shěn）：念，思念。
⑤ 哈同花园：即爱俪园，上海在中华民国时期最大的私家花园，由犹太人富商哈同（1851—1931）及夫人罗迦陵（1864—1941）兴建。该园原址位于原静安寺路（今南京西路）。哈同诚聘名人雅士在园内兴办学校，收藏文物，出版书刊，还在园内宴请军政工商各界，召开赈济救灾大会，甚至为革命党人聚会提供一席之地，使这里又成为一个政治活动场所。
⑥ 黄中央，即黄宗仰（1865—1921），俗名黄浩舜，别号乌目山僧，笔名黄中央，江苏省苏州常熟县（今常熟市）人。1880年，在常熟清凉寺出家，1884年在镇江江天寺受戒。1899年，他前往上海。1901年，受犹太富商哈同的华籍夫人罗迦陵聘请，设计建造爱俪园（即哈同花园），并在园内讲授佛经。1902年与章太炎、蔡元培等发起"中国教育会"，拟编订教科书，改良教育，挽救国之危亡。次年成立"爱国学社"，收容南洋公学等因反对学校当局压制而退学的学生。因"苏报案"避地日本。中华民国成立后廓然归山。
⑦ 《瑜伽师地论》（梵文 Yogācāra-bhūmi-śāstra），又称《瑜伽论》《十七地论》，为大乘佛教瑜伽行唯识学派及中国法相宗的根本论书，亦是玄奘西行所取的重要经典。约于公元前300年出现在古印度，相传为弥勒菩萨口述，无著记录。全书分五部分，着重论释眼、耳、鼻、舌、身、意六识的自性及其所依，禅观渐次发展过程中的精神境界，以及修行瑜伽禅观的各种果位。以分析名相有无开始，最后加以排斥，从而使人悟入中道。
⑧ 长老：年长者。
⑨ 龚未生，即龚宝铨，章太炎长女婿。

为同人所追得。若来上海，速即逐之。言尽于斯，临颍悲愤。

炳麟鞠躬

五月二十三日（一九一四年）

附上在京在家书籍清单及自著各种在内，亦间有不及者。书籍则惟择精善者言之。君可偕未生料理。自著多有未编成者，其当弃者亦有十分之二，未生当能与同门商榷也。

【解说】此信作于1914年5月23日，为章太炎之绝命书。被禁于龙泉寺3个月，因不愿接受袁世凯的招揽，财用将尽，遂决意绝食自尽。在"临终"之前，特致信夫人作为"遗嘱"。其一，将绣有"汉"字的衣服留给夫人作为纪念，同时表明了自己的"光大汉族"之志向；其二，交代自己平生著述文字，希望夫人能设法保存；其三，因革命之故，远离家乡，不能祭拜先人坟墓，特请夫人代为致祭；其四，对于夫人今后的生活，托汤寿潜、龚宝铨安排，而盼夫人读佛经以排遣孤苦。

章太炎自信肩负着复兴、光大中华文化的责任，亦自信自己能够代表、传承中华文化，所以在信中说"吾死以后，中夏文化亦亡矣"，不胜悲痛！

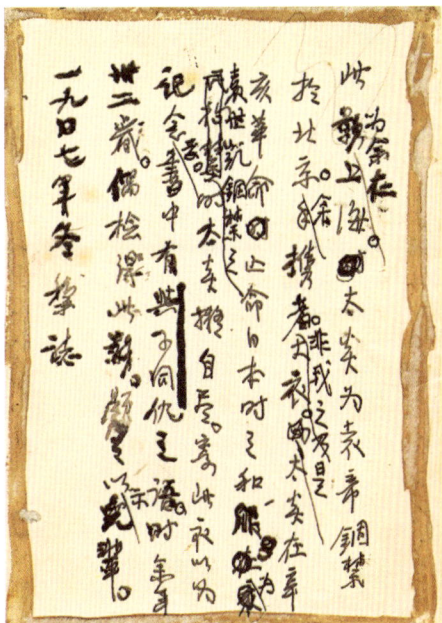

汤国梨手持章太炎"汉"字衣服小影及背面题词

汤国梨接到章太炎寄来的衣服之后，曾拍一张照片，在背面题字："此影为余在上海，太炎为袁帝锢禁于北京。余手携者，非我之大衣，乃是太炎在辛亥革命亡命日本时之和服。为袁世凯锢禁之时，太炎拟自尽，寄此衣以为记念焉。书中有与子同仇之语，时余年卅二岁。偶捡得此影，题之以示儿辈。一九□七年冬。梨志。"

四十二

汤夫人左右：

　　槁饿半月，仅食四餐，而竟不能就毙。盖情想不断，虽绝食亦无死法。十六日，由彼处医生前往关说，即于是夕出龙泉寺，现寓东四牌楼本司胡同铁如意轩医院。医生徐姓①，即为关说者也。客来可以自由，亦无警察监视。目下正在物色房屋。当道疑忌，亦渐解释②，惟尚难豁然③耳。友人相助，以李柱中④、钱念劬⑤为最力，二君皆劝接眷以坚当事之心⑥。吾意与君久别，聚首无期，亦亟望来京同处。人事变迁，今非昔比，当不至有诈欺事也。前得来书，知太夫人患风未愈。吾亦自诊脉息，验之身世，深恐命不久长，大抵迟则十年，速则五岁，则无此身矣。是君与我聚首之期短，而奉养堂上之日长也。忧郁之余，猜嫌得释，或可优游卒岁，日与君文史相乐，得保余年，则不幸中之大幸耳。京师虽秽浊之区，或有学子数人朝夕谈咏，君默⑦、坚

---

　　①　徐延祚，字龄臣，奉天锦县（今属辽宁）人。光绪时即行医于京师，曾供职于太医院。后创办铁如意轩医院。著有《铁如意轩医书四种》。章太炎曾与之论医，称其"医道不错"。
　　②　解释：消除，消释。
　　③　豁然：开悟，坦荡。
　　④　即李燮和（1873—1927），字柱中，号铁仙，湖南安化人。先加入华兴会，后又加入光复会、同盟会。同盟会分裂后，为光复会重要领导人。武昌起义后，在上海发动起义，推动沪宁光复。南北议和期间，李燮和力主北伐，反对同袁世凯妥协。后寓居北京，在章太炎被袁世凯软禁期间出力甚多。
　　⑤　即钱恂（1854—1927），字念劬，浙江吴兴人，钱玄同同父异母之兄。为晚清著名外交家薛福成的得意门生，清末担任出使荷兰和意大利大臣。民国成立后曾任浙江图书馆长，主持钞补文澜阁《四库全书》。著有《天一阁见存书目》《壬子文澜阁所存书目》等。
　　⑥　当事：当政者，指袁世凯。
　　⑦　即沈尹默（1883—1971），原名君默，后改尹默、字中、秋明，号君墨，别号鬼谷子，祖籍浙江湖州，生于陕西兴安府汉阴厅。著名学者、诗人、书法家、教育家。早年留学日本，后任北京大学教授、校长，辅仁大学教授，《新青年》杂志编委。1949年后历任中央文史馆副馆长、上海市人民委员会委员、第三届全国人大代表等职务。

士①辈亦将迎眷，君来不忧无伴也。今属朱逖先②前来迎致，愿弗淹滞。逖先乃学生中最老成者，前在日本招两女东来，亦由逖先携致，途中照料，可以无忧。尔后穷通之理③，聪之于天，种瓜灌菜，亦可以为生耳。蛰公、未生恐尚未知内容虚实，如听逖先口语，自可知之也。书此，敬问起居万福。

炳麟鞠躬

廿六日

启行程式：

一、北仆二人，沈贵、韩镇切不可用，_{前信已言之}。速在上海遣去。可荐则荐诸他人，切弗带来。惟长庚可以偕来。_{火车搬运自可雇人，不须仆从。}

一、衣箱、铁床、医书、佛书、自著书、花瓶、瓷玉诸器，可自火车带来，其余书籍、木器，悉由轮船运致。_{书籍存哈同花园者，可就取回。}

一、天时溽暑，途中宜带仁丹，并购半夏泄心汤三剂备用。_{此方药料问尊舅}吉□先生自知。

一、家中必有负欠债项，一时未能筹还，念劬言能任之。

【解说】此信作于 1914 年 6 月 26 日。自 6 月 1 日章太炎开始绝食，至 6 月 16 日，半个多月仅吃了四顿饭，有意求死而竟然不死，经人劝告，章太炎遂打消了求死的念头，住进陆建章派人安排的医院调养身体。同时章太炎开始考虑长期定居北京，并在朋友的劝说之下，希望夫人能北上团聚，特托弟子朱希祖南下协助夫人搬家至京，又制定了比较周详的搬迁计划。总之是希望夫人见信即启程。章太炎自觉不会长寿，便希望夫人可以陪伴左右，在污浊的京城独居一片净土，了此余生。

---

① 即沈兼士（1887—1947），名坚士，沈尹默之弟。语言文字学家、文献档案学家、教育学家。早年留学日本，拜章太炎为师，并加入同盟会。归国之后，先后任教于北京大学、辅仁大学、清华大学、厦门大学等多所高校。1922 年在北京大学创办研究所国学门，任主任。在"五四"新文化运动中，倡导并写作新诗，是"五四"新文化运动的积极参加者。抗战期间，曾任《鲁迅全集》编委。著有《文字形义学》《广韵声系》《段砚斋杂文》等。

② 即朱希祖（1879—1944），字逷先，又作迪先、逖先，浙江海盐人。早年留学日本，拜章太炎为师。1913 年为教育部起草国语注音字母方案，后受聘北京大学兼清史馆编修。袁世凯称帝时，辞去编修，专任北京大学教授。"五四运动"前后，朱希祖常为《新青年》和《晨报》副刊撰稿。1920 年，联合北大六教授上书教育部，要求推行新式标点，中国新式标点自此始。

③ 穷通：困厄与显达。

四十三

汤夫人左右：

　　知逖先三十到沪，君意尚有迟回①。借名杀人之术，诚不无可虑，以去年各报造谣作根也。但将此情说破，则虽有谋而不敢行。君若不来，彼中疑虑反不能豁然也。凡事以利害相校，看到七分即当进行；若想到十分，则终无其法耳。房舍已看定钱粮胡同一宅，月租五十三圆，气宇高爽②，而稍带旧色，略为修整，数日间可了矣。总之，君宜比校③利害，从长进行，但半年资粮，不可不预为筹集，不筹则为彼所挟制。未生来函所云月筹五十圆者，杯水车薪，未能有济，此议可以作罢。京师物价昂贵，一月需用，必在二百圆以外，加以买书、便饭之费，总须四百圆左右。无此则郁郁不乐。当先用未生、柱中李燮和出名电致南洋，爪哇商人，未生所知，新加坡希路士的立老商会董事林秉祥，亦吾所招致。吾于南洋信用未衰，告急必有所助。筹得二万圆，则可足三年之费；不能，则就至戚密友中筹借三千，亦足半年之费。谋定而行，万无一失也。

炳麟鞠躬

初四日

　　此信但令未生、蛰仙、逖先知之，勿示旁人。回信不须经蛰公。

　　【解说】此信作于1914年7月4日。在章太炎看来，既作了比较完备的迁居安排，又有人护送，夫人当见信即开始着手准备即是。不料夫人竟对此颇不以为然。由此，夫妻二人开始了长达九个月对于是否迁居北京问题的"拉锯战"。对于章太炎来说，夫人至京，既可免夫妻分居暌离之苦，又可以打消袁世凯的疑虑，二人可以优游度日，出入相对自由。即使北京政局动荡，只要二人不参与时政，也就可以置身事外，将小家作为乱世桃源。汤国梨则以为，自己进京则落入了袁世凯的圈套，因为那样袁世凯就可以想办法毒害太炎，而借自己之口宣称太炎病死，随后再将自己暗害。所以，自己一日不

---

①　迟回：犹豫不定，迟疑不决，徘徊。

②　气宇高爽：高大轩敞，令人觉得气象豪爽。

③　校：通"较"。

1917 年章太炎访问南洋群岛（章念驰家藏照片）

进京，袁世凯便不敢冒天下之大不韪，且自己可在外向友人求援、向舆论借力，就能保太炎一日之平安。二人谁更有道理，如果汤国梨进京，袁世凯会不会有进一步的举措，历史无法假设，我们只好存而不论。但可以确定的是，自此后至袁世凯去世，章太炎和汤国梨从未卑躬屈膝，始终保持了独立自由的风骨，以皓皓之白而不染俗世之尘埃，令人敬佩。

四十四

汤夫人左右：

逊先来，得手书。初谓秋凉即来，及审函中语气，似尚踌躇。且谓医院可安，无庸租赁房屋，不胜骇异。此由南、北隔阂，未睹实情，故尔曩日所疑一节，今从各处采访①，似可无虑。当事意中，不过以家室相安，则人无他志，即吾辈亦未尝不思完聚也。医院尚有暗中侦探者，亦以君未北来耳。审观情事，非三五年决不能出京。近闻有人相劝，上书陈请，此可谓暗②于事情矣。当事忌我，岂在一身？所惧在蛟龙得云雨耳③。彼视南方为革命党

---

① 采访：采集访问，探听消息。

② 暗：愚昧不明。

③ 蛟龙得云雨：相传蛟龙得水，即可兴云作雾，腾踔太空。比喻有才能的人获得施展的机会。

聚会之所，岂肯轻相纵遣？故上书请解禁者，彼之所许；而上书请出京者，正彼之所深忌也。为此无益，徒招悔尤耳^①。半年以来，钱念劬、李柱中数为展转关说，副总统亦为陈请，而终未有其效。自出龙泉以来，此数公者从旁维持、调护尤力^②，而彼中终未涣然冰释，则知友人尽力奔走，不如君之一来也。此理易明，无待迟疑。君默、坚士皆当携眷来京，君届时可与同行，以免途中乏人照料。在京用款，黎、李皆允为筹画，前因事难猝就，故属君通电南洋，备半岁资粮而后入京。若急遽不及，则家中存旧银行款项不妨尽取入都。此时一年之期将满。南洋所筹，蛰公、未生皆可代收耳。房屋亦决意赁租，以医院湫隘^③，非读书之地，亦不欲依人为活也。吾之在此，屋则待赁，寒则需衣，资用器械，皆在南方，岂得空为庋阁^④而不尽数以相供乎？书此，即问起居万福。

炳麟鞠躬
十五日

【解说】此信作于 1914 年 7 月 15 日。汤国梨在去信中言及不妨暂住医院，大概还是希望通过多方努力使太炎获释，即不必作长居北京之打算。章太炎则还是希望夫人从速进京，同时筹集在京用款，将家中款项及早送京。

对于袁世凯何以忌惮自己，章太炎还是有比较清晰的认识的，即不是忌惮章太炎一个人，而是担心章太炎回到南方后与革命党"兴风作浪"，会壮大反袁声势。因此，章太炎预测说，在三五年内都不可能离开北京。这一预测是非常准确的。章太炎被释，已在袁世凯去世以后的两年之后——如果袁不死的话，拘禁很可能还将继续。

<h1 align="center">四十五</h1>

汤夫人左右：

十五日曾致一书劝行，十九日得十七日函，知有入都之意，此事亦宜从

---

① 悔尤：咎戾和过错。《论语·为政》："言寡尤，行寡悔。"
② 调护：营救，保护。
③ 湫（jiǎo）隘：低洼狭小。《左传·昭公三年》："子之宅近市，湫隘嚣尘，不可以居。"
④ 庋阁：搁置。

速。沈君默、坚士正接家眷入都，当与偕行，则有伴侣也。近租得东城钱粮胡同一屋，赁资五十三圆。尚觉宽裕，略加修治，今日即可迁居。此次出龙泉时，李柱中助资，钱念劬助力，而其力不能直接进言于当事。黄晦闻①移书可，威力②则更薄。警厅尚存挟制之心，中间三四十日由钱、李往见黎公。黎公亦素有感情，援助之心甚切。前因身在忌③中，不能从井相救④。近则嫌疑颇解，遂直接与当事言之。今之解释内由⑤，黎公担任而外，则念劬间接⑥。惟眷属未来，终未筹出正名的款，无名则仍带数分要挟，此入都所以不可不速。所赁之宅房屋甚宽，器具、书籍尽可安置。而银行存款终须携来，以备不时之需。其余如何筹措，皆与未生商量可也。今之所虑，不在陷害，而在穷乏（黎公特为区画⑦外，则直接与念劬交，然未能常定。君来则一切皆定），与前日情势大殊。严公疑虑太深，盖由未审事变耳。来信所谓上书者，行之无益，徒以招疑。吾与念劬交游十余年，知之甚深；颇带老气，而朋友交情甚挚。柱中则同时倡义之人，最为朴诚悃愊⑧。黎公虽新交，而性情亦与柱中相似，其敬贤慕善，亦当世所希有。三君在此，何患不能保任？惟入都一行，非三君所能口诺，事则在我与君耳。人生岂久处一乡，二三日之程途未甚劳乏，而实事示信坚于三君之口说，亦何惮而不为也？此问起居万福。

炳麟鞠躬

前人参已收到。

此信但示未生，他人不必商量。

---

① 即黄节（1873—1935），字晦闻，广东顺德人，清末在上海与章太炎、马叙伦等创立国学保存会，刊印《风雨楼丛书》，创办《国粹学报》。民国成立后加入南社，长居北京。袁世凯复辟帝制期间，黄节频频撰文抨击，致遭忌恨。1917年，受聘为北京大学文学院教授，专授中国诗学。1922年拒任北洋政府秘书长，后曾担任过一年的广东省教育厅厅长兼通志馆馆长。因对时局不满，于1929年辞职，仍回北京大学，同时兼任清华大学研究院导师。1935年病逝。

② 威力：指效果。

③ 指黎元洪遭袁世凯疑忌。

④ 从井相救：从，跟从，跟着下去。指跳到井里去救人。原比喻对别人没有好处而徒然危害自己的行为，现多比喻冒险救人。《论语·雍也》："宰我问曰：'仁者，虽告之曰：井有仁（人）焉，其从之也？'子曰：'何为其然也？君子可逝也，不可陷也。'"

⑤ 内由：其中的缘由。

⑥ 指黎元洪直接向袁世凯为章太炎说情，而钱恂不能直接与袁世凯接触，通过游说其他人间接向袁进言。

⑦ 区画：通"区划"，筹划，安排。

⑧ 悃（kǔn）愊（bì）：至诚之意。《汉书·刘向传》："发奋悃愊，信有忧国之心。"

【解说】此信当作于 1914 年 7 月 24 日。自章太炎大闹总统府以来，黎元洪、钱恂、李燮和上下奔走说和，出钱出力，对章太炎从幽居龙泉到可以迁居钱粮胡同，帮助最大。而安居北京，对此时的章太炎来说，最大的问题在于钱。前在龙泉寺时，即以不受袁世凯资助而资财耗尽，如今则势不能不多方筹措。经黎元洪斡旋，袁世凯答允每月给予 500 元家居费用。若汤国梨至京，则可以名正言顺拨发，此所谓"正名的款"。为此之故，章太炎多次催夫人北上。

四十六

汤夫人左右：

　　二十四日发书想已收到，卒未蒙覆，甚怅惜也。是日下午，即迁居钱粮胡同新寓。连日拚当①，不暇作书。尔来扫除略定，内房三间，甚觉宽广，院落亦大，略栽竹木，旁有两箱②可以读书，两侧别有花园，厂屋高明，亦为读书宴客之所。连日购到全史、九通③、《通鉴》④、经疏诸书，官料书籍亦已粗备，尚觉屋中空虚也。杂役厨手共用三人，其暗探作仆者亦已遣去。朋友之乐，差足自娱，而去后仍叹孤寂。吾亦不乐出门，一者避暑，二为坚当涂之信也。转瞬一星期间即交秋节⑤，与君阔别，忽已一岁。明月白露，光阴往来，山川阻隔，我劳如何⑥？前书望君与沈氏兄弟偕来，想能同意。北京虽混浊之区，吾辈居之，当别有天地耳。幸早见覆，以慰渴怀。人情可知，不烦疑虑。

炳麟鞠躬
八月一日

【解说】此信作于 1914 年 8 月 1 日。此前 7 月 24 日下午，章太炎迁居钱

---

①　拚（fèn）：扫除。《礼记·少仪》："扫席前曰拚。"孔颖达疏："拚是除秽，扫是涤荡。"

②　箱：通"厢"，正房前面两侧的房屋。

③　九通：指中国古代九部书名中有"通"字的典章制度沿革类史书，分别为唐杜佑《通典》、南宋郑樵《通志》、南宋马端临《文献通考》以及清代官方主持编修的《续通典》《续通志》《续文献通考》《清通典》《清通志》《清文献通考》。

④　《通鉴》：北宋司马光历时 19 年主持修撰完成的编年史巨著《资治通鉴》，凡 296 卷，记叙了自三家分晋至北宋建立之前 1362 年的历史。宋神宗以其书"鉴于往事，有资于治道"而命名。

⑤　交秋节：即立秋。

⑥　《诗经·小雅·绵蛮》："绵蛮黄鸟，止于丘阿。道之云远，我劳如何。"这里意思是我与你相距遥远，有山川阻隔，我那么辛苦又有何用呢？

粮胡同，位于今北京市东城区西北部。经过一个星期的打扫布置，购买书籍，章太炎基本做好了安居的准备。所购书籍，则为中国历史上史部和经部最重要的书。作为"消遣"，章太炎也在通过阅读中国的基本典籍，重新梳理对中国历史的认识。也是在这一时期，章太炎将自己晚清时最重要的著作之一《訄书》删改成在学术体系上更为完善的《检论》。

信中言"暗探作仆者亦已遣去"，实际上章太炎的一举一动、往来拜访的旧友新知，皆在袁世凯的掌控之中。

四十七

汤夫人左右：

得初六日信，知上书乞归已成事实，此事前早知其无效，已驰书力阻。今竟行之，何益于事，徒令当事疑我耳。献是计者，真可谓愚暗①之甚也。春日一书，言"迎者皆为讨好"，此由黎公误遣何雯、陈绍棠等，恐其播弄是非，是以作斯拒绝。今则时非昔时，人非昔人，岂当胶柱调瑟②耶？杭人误传纳妾一事（此乃政府遣人运动，盖以君不北来，欲以纳妾为固，已明拒之），尤为荒缪。今报馆谣言，市人妄语，一概当置之勿听。即如《神州日报》，何尝非政府机关？而君偏信其言，则不如掩耳为愈③也。方今言论不应偏听一人，择其较可信者乃信之耳。同学诸君皆已赴家接眷，吾之与君，悬隔咫尺，永不得聚，亦何恝然④之甚耶！人情谁不思乡怀土？吾之不归，非不欲也，势不能耳。如君必一意孤行者，吾亦削发入山而止耳。脉脉⑤相思，终难如愿，干愁⑥自苦，亦何益也。此颂起居万福。

炳麟鞠躬

初八日

---

① 愚暗：愚昧，愚钝而不明事理。

② 胶柱调瑟：瑟，古代一种弹拨乐器。用胶粘住瑟上用以调音的短木，不能再调整音的高低缓急。比喻拘泥死板，缺少变通。

③ 愈：较好，胜过。

④ 恝（jiá）然：冷淡，无动于衷。

⑤ 脉脉：本作"脈脈"，凝视貌，有含情欲吐之意。《古诗十九首·迢迢牵牛星》："盈盈一水间，脉脉不得语。"

⑥ 干愁：干，徒然，白白地。指空发愁而无济于事。或以为指没来由的愁闷。唐韩愈《感春》诗之四："干愁漫解坐自累，与众异趣谁相亲？"

【解说】此信作于 1914 年 8 月 8 日。章太炎自龙泉寺迁出之后，汤国梨以及章太炎在南方的友人就一直在想办法营救，甚至有直接上书袁世凯请求释放太炎的想法。章太炎曾分别致信夫人及龚宝铨，对此办法表示明确反对。因为对于袁世凯来说，怕的正是章太炎在南方有同党，可以聚在一起"兴风作浪"，而联名上书，正遭袁所忌，自然也不会有效。

据此信，汤国梨坚决不肯入京，袁世凯及其党羽竟然想出了让章太炎纳妾的主意，想要以女色进行牵制，即使不屈节，也多少会有所顾忌。对此，章太炎明确拒绝，不受袁世凯拉拢。民国初年，纳妾尚是常见之事，章太炎却并不从俗，而是"从新"，体现其对感情的忠贞。

四十八

汤夫人左右：

适付覆书，殷勤未尽，思君不见，发为之白。来书云本为家室完聚，非为政治问题，此语诚尔。吾辈所求，但愿朝夕聚首，琴书唱和。若夫当事所怀，欲以室家为固，此非彼所明言，而亦揣度事情，理有必至者尔。吾今宅舍颇宽，书史尚足，饮食嗜味，亦堪适口。而食不甘味，读书不乐者，正为思君一人尔。虽得千两人参，饵①以解病，何若睹君一面！南行不得，上书无效，君遂不我思乎？家室之事，君不耐他人参与，此亦人情。然不愿他人劝行，又岂愿他人阻尼②，此事在我与君耳。人之相知，何如同室。求思之切，执着自身。君亦但听吾言，必无过计。他人虽百端献策，苦乐之情，终在膜外③。事或不效，疑构④随之，而献策者岂有所损乎？无责任之言谈，可以不必听从也。若其别有他肠，受人簸弄者，则更非所问矣。当事所忌于舆论者，乃关系政治之文。若为一人之故，引起群言，在彼亦何所惮？即观黄晦闻⑤首发不平，当事曾亦忌彼否耶？吾今处此，不发一谋如徐庶⑥，家室保聚如

---

① 饵：吃，服食。

② 尼（nǐ）：阻止。

③ 膜外：身外。

④ 疑构：猜疑，构害。

⑤ 黄晦闻，即黄节。

⑥ 徐庶（生卒年不详），字元直，东汉末三国颍川郡长社县（今河南许昌）人。东汉末年，刘备屯驻新野时，徐庶前往投奔，并向刘备推荐诸葛亮。后因母亲被曹操所掳获，不得已辞别刘备，进入曹营。后来此事被艺术加工为"徐庶进曹营，一言不发"等歇后语，被广为流传。

仲长统①，优哉游哉，聊以卒岁②，此既古人所不能訾议③，报章之论，乃一人恩怨之言，轻躁好事之人，亦多宽待一身，厚责同类，此种不足介意。而亦功成事就者所当然也。解忧成乐，实赖君之哀我耳。每思遇事以来，千回百折，以至今日，刚柔迭用，始能出险，发计常在一心，其中甘苦得失，亦筹之至熟矣。而报章妄言，常由访事④构造，所论是非利害，皆可以《封神传》《西游记》视之。沪上人情，不观实际，易为浮议虚谣所动，则制人之生死出入者，乃在主笔心胸。此而听之，举动安得不为所牵掣乎？政府机关，利人沉默；政党机关，专务修怨；其国民党新附之人，非损人利己，则昌狂肆言，此三种言论，皆安扰之！君思此旨，可以憭然⑤。黾勉同心，惟我与尔。若遂不从，夫复何语？临书哽咽，言尽于斯。即希珍卫。

炳麟鞠躬
初九日

【解说】信中言"上书无效"，知在前言"上书乞归"之后，故此信当作于1914年8月9日。此信婉转悱恻，情义动人，总在希望以"情"字打动夫人。

四十九

汤夫人左右：

思君如此，而十三日所寄者，只有照相一张，绝无片语，既增愁闷，对君真影，益以增思。前所付书，情辞恳到⑥。迩者端居寓宅，竟谁与同甘苦？出行则守护无人，仆役皆北人难信。入室则独居自笑，虽当事不苦相逼迫，而以

---

① 仲长统（180—220），字公理，东汉末山阳郡高平（今山东省邹城市西南部）人。少年游学青、徐、并、冀之间。当时袁绍外甥并州刺史高幹招揽四方之士，人多归附，而仲长统以为其"有雄志而无雄才，好士而不能择人"，进谏不从，遂逃归。而不久之后高幹因从袁绍，为曹操所灭。仲长统以先见之机，得以保全家室。

② 优哉游哉，聊以卒岁：优、游，均指悠闲、从容的样子。指从容不迫，闲适自得地度日。出自《左传·襄公二十一年》："诗曰：优哉游哉，聊以卒岁。"又《诗经·小雅·采菽》："优哉游哉，亦是戾矣。"

③ 訾（zǐ）议：批评，指责，有诋毁、非议之意。

④ 访事：即访事人，旧指通讯社或报馆派往各地采访新闻的人。

⑤ 憭然：明了，清楚。

⑥ 恳到：犹恳至，恳切诚挚。《后汉书·谅辅传》："精诚恳到，未有感彻。"

仆人难信，竟不可出行一步。此中悲郁，君皆不能相谅。以影代形，则令人且思且愤耳，何其不能黾勉同心①，而作此虚饰也？君如不相忘者，秋气已凉，即当北上。前言本尔，不当有变。早来一日，即早纾一日之忧。若必相忘，吾亦奈君何？唯有快意买书，自伴岑寂。家中所有存款，并银行尚存之款，如长期者，不妨向他人挪借，以折②归之。宜速汇来，以供买书之费。买书虽万金不厌多。并所有书籍、裘服、瓷瓶等器，皆速付运送来京。此事宜呼未生检理，可速唤之。其逖先所带三百圆，本非己物，亦当汇来偿还。君徒欲归依母氏，亦无所事此也。两者速决，即付一电。临颖悲恨，夫复何言？

炳麟鞠躬
十六日

【解说】此信作于1914年8月16日。在思念之中，章太炎日盼夫人来信，日盼夫人进京，而收到的竟只有一张照片，无只言片语。章太炎大失所望，为情绪所激荡，乃有逼迫夫人之意：要么进京，要么将朱希祖带去的300圆寄还！

章太炎在京居住，仆人皆为陆建章、吴炳湘等人派来的奸细。对此，章太炎也有一套办法，他制定了"仆人守则"："仆人对主当称大人，对客当称老爷，不得称先生；当自称名回话；仆人每阳历一号十五号至主前磕头一次；仆人不得擅自撞客，违者或罚钱或罚跪。"

所谓"快意买书"，在章太炎致钱玄同信中有比较详细的说法：除三通、全史、《东华录》外，尚需小字《藏经》八千卷200圆，《南菁经解》千四百卷40圆，《广雅丛书》千四百卷100圆，以及其他重要典籍，总计大概要花费1000圆左右。

五十

汤夫人左右：

十六日接得写真，感思弥甚。以函中不见只字，忧愤随之，是以覆书词

---

① 黾勉，尽力。出自《诗经·邶风·谷风》。
② 折：指存折。

稍激楚①。顷得未生来函，知君神气颓丧，对人战栗，此盖积思所致，闻之益为悽恻。而据谢女士言，君来志已定，期以阴历八月，闻之转慰。愿存精神，省思虑，以养天和②，如期北来，欢晤以还，忧郁当自散也。前据来书知太夫人病势有瘳③，不胜慰藉。及得未生来函，又云病势尚剧，悬念之至④。吾意风气周痹⑤，本非一日可痊，古治风者方中皆用川乌⑥，盖穿筋透骨，非此不可。今人徒用行血活络之法，迂缓不能及病。吾向时在京，有友人母遇痹疾，痛楚难以终日，医皆不效，因令用温白丸试之，半月痛果止。若病情果剧，此方可用。家有《外台秘要》⑦ 一书，可检得此方，亟⑧和丸服之，服不可多，须依书中所制。如已稍轻，尚难屈伸坐起，当用乌头丸治。

略炮川乌头九钱、全当归九钱、细辛九钱、薏苡仁—两八钱四味，蜜丸，日服一钱五分，酒下更好，可服一月。

此方亦用之数效，而较温白丸为和平，兼可常服。若徒用活血套方，甚无益也。君既劳于侍疾，医药当早注意。川乌名似峻厉⑨，炮制为丸，全无所碍。服后如觉冷注麻痹，如久坐手足麻刺状者，则知其病渐去也。又未生函述，君言书籍先托谢女士带上，今书单已致未生矣。谢来时，当先请未生一检家书付之，其裘衣等件，可带则带，不可带待君亲自携致为善。德、日衅开⑩，

---

① 激楚：激烈悲痛。

② 天和：人的元气。《文子·下德》："目悦五色，口肥滋味，耳淫五声，七窍交争，以害一性，日引邪欲，竭其天和，身且不能治，奈治天下何！"宋苏轼《和寄天选长官》："虚怀养天和，肯徇奔走闹。"

③ 瘳（chōu）：病愈。《尚书·金縢》："王翼日乃瘳。"

④ 悬念：挂念。

⑤ 风气周痹（bì）：中医说法，因受风寒湿热之邪侵袭而致经络闭阻、气血凝滞引起的以痛为主要症状的疾病。风邪偏重者为行痹，肢体酸痛，游走无定处，即此所谓"风气周痹"。又寒邪偏重者称痛痹，疼痛较深，得热则舒，受寒转剧；湿邪偏重者称着痹，痛处固定，肢体重着，肌肤麻木。

⑥ 川乌：即乌头，别名鹅儿花、铁花、五毒，被子植物门，毛茛科。多年生草本植物，有块根，径直立，叶片轮廓五角形。秋季开花，可供观赏。主要产于中国中部和东部。主根、副根皆可入药。主要用于治疗风寒湿痹、关节疼痛等病症。

⑦ 《外台秘要》：唐王焘编著的一部重要的中医书，四十卷。辑录唐以前医家对各科疾病的理论和方药，共分1 104门，收录了6 000多个医方。

⑧ 亟（jí）：迅速，含有急迫之意。

⑨ 峻厉：严厉，严酷之意。

⑩ 1914年7月底，第一次世界大战正式爆发，以英国、法国、俄罗斯帝国为首的协约国军事同盟，与德意志帝国、奥匈帝国、奥斯曼帝国、保加利亚四国联盟的同盟国集团开战。根据英日同盟条约，日本与英国之敌对国也有出战义务。当时德国占领胶州湾，日本觊觎已久，遂借此机会出兵，与德国发生小规模战役，从而获得对胶东半岛的控制权。实际上，日本正式登陆山东在9月2日，至11月7日方占领青岛。此时战事未起，为章太炎听闻传言之误。后其9月3日信中尚言双方并未正式交战。

津浦路断，然解决固当不久耳。书此，敬问痊安。

炳麟鞠躬

二十一日

　　【解说】此信作于 1914 年 8 月 21 日。章太炎对前信之激烈态度表示道歉。听闻夫人在南方独自面对种种压力，精神堪忧，不免心怀愧疚与痛惜。据此又似汤国梨有同意北上之想法，但最后总是迁延未至。

　　信中章太炎还为岳母的风痹之症开药方，显示章太炎不止懂中医学理论，还懂得实践治病。他的药方，与一般人又有不同，但具体是否有效，则未见明确回覆。

五十一

汤夫人左右：

　　旬日以来，歊①暑渐退，已凉未寒之候，龙须八尺②，何以慰相思也！太夫人病状，前闻稍损③，究竟医药奏功在乎识断。驱风活血之剂，堪为辅助，不足为主方也。闻君神气④颓然，语次⑤时作战栗，身处牢愁之地，益以多病，如何弗思？尔者已涉中元⑥矣，八月相期，果能如愿否也？青岛战事，警在旬日以前，而至今尚未接仗，京师亦不甚惶扰，津浦火车前闻停止，近仍开行无阻。逖先所赍⑦旅费三百圆者，近已知存放处，即拟托心孚⑧手交。约一星期后心孚可回上海。彼时车若未停，则为幸矣。不然借道江汉⑨，亦

---

　　① 歊（xiāo）：炎热。

　　② 龙须八尺：龙须，草名，茎可织席。这里指草席。此二句出自唐韩偓《已凉》："碧阑干外绣帘垂，猩血屏风画折枝。八尺龙须方锦褥，已凉天气未寒时。"这是一首洁净思人、委婉曲折的情诗。

　　③ 损：减，指病情退化不好。

　　④ 神气：精神气息。

　　⑤ 语次：交谈、谈话之间。

　　⑥ 中元：农历七月十五为中元节，旧时道观于此日作斋醮，僧寺作盂兰盆会，民俗亦有祭祀亡故亲人等活动。民间也称"鬼节"。是年西历 9 月 4 日为中元节。

　　⑦ 赍（jī）：持，携带。

　　⑧ 康心孚（1884—1917），名宝忠，号窜，字心孚，陕西城固人。早年赴日本留学，在东京从学于章太炎。辛亥革命后回国，任北京大学教授，讲授社会学、伦理学、中国法制史等课程，是最早开设社会学课程的中国学者。

　　⑨ 指若因德日战争导致津浦铁路停运，就需要从上海先到武汉再北上。

望弗惮①此劳，总以聚首为期，得免相思之苦而已。战事或起，未必与中国开衅②。纵令事出意外，吾辈本非腐败官僚，所居宅舍，安于金城汤池③也。寒衣未就，刀尺相催④，箧中故裘，亟须料理，吾于冬日不喜火炉故也。书此，敬问起居万福。

炳麟鞠躬
（初三）

【解说】此信作于 1914 年 9 月 3 日。前信言及夫人答应阴历八月进京，此时已近七月半，章太炎期盼日甚。时局虽然有些变化，世界大战爆发，国内也有战火的风险，直线的火车停运，就绕道走，章太炎总是希望夫人北上的。而且，章太炎还以需人照料为理由，希望能打动夫人。

五十二

汤夫人左右：

得九月三日书，云将返里，违我初心。此时天已清凉，途中稳便，以吾望君之切，而君岂忘我耶？今交上银三百圆，可作来京旅费。如未动身，至阴历八月初亦好。两处屏居⑤，徒增思慕，愁病困人，端坐此耳。此来非入不测之渊，亦非受人强迫，正以情之所系故也。苏诗云：惆怅东栏一株雪，人生看得几清明⑥。此盖讽梨花诗。君于神州女学一树，尚裴回⑦不忍去，反身相省，人岂同于树耶？行期果定，即望付电以慰悬悬⑧。此颂起居万福。

炳麟鞠躬
初七日

---

① 惮（dàn）：怕。
② 指德日发生冲突，未必与中国交战。
③ 金城汤池：金城，金属造的城；汤池，如滚水的护城河。形容坚固不易攻破的城池。《汉书·蒯通传》："皆为金城汤池，不可攻也。"后比喻防守严密，无懈可击。
④ 刀尺：剪刀和尺。唐杜甫《秋兴》诗之一："寒衣处处催刀尺。"这里几句指章太炎盼望夫人进京为其缝制冬装。
⑤ 屏居：独居。《史记·魏其武安侯传》："魏其谢病，屏居蓝田南山之下数月。"
⑥ 宋苏轼《东栏梨花》："梨花淡白柳深青，柳絮飞时花满城。惆怅东栏一株雪，人生看得几清明。"
⑦ 裴回：徘徊，留恋。
⑧ 悬悬：挂心，挂念。汉蔡文姬《胡笳十八拍》："归国兮儿莫之随，心悬悬兮长如饥。"

【解说】此信当作于 1914 年 9 月 7 日。汤国梨孤身在沪，不时有北京的特务、奸细等人前来劝说她进京，或对她进行监视。因此，汤国梨有返乡家居躲避的念头，后面章太炎信中提及夫人的诗自乌镇寄来，即表明汤国梨确实回乡了。对此，章太炎不以为然，动之以情，希望夫人早日动身来京团聚。

五十三

汤夫人左右：

前属心孚汇银三百，并信一函，由伊①弟康宝恕②转交，已否收到？时已秋分，天气凉润，君体中疴疢③，当已渐平。太夫人服药何似？尔来④一二门人，半集都下，日间谈论，尚不寂漠。唯中夜⑤深思，忧心转恻，星河鉴影，谁与为言？思君既勤，而桑落⑥秋深，行期亦近。谓君宜速成行，汇费如未接到，亦可作速整装也。此间图籍既足供览，园林亦可宴游。京邑⑦虽乱，吾家自治，彼附羶吮痈⑧之士，何能入我门限⑨一步哉！东隅战事渐当逼紧，然缘此更难望归期。俟河之清，人寿几何⑩，所幸蒜发⑪不多，只增一两茎⑫

---

① 伊：第三人称代词，他，彼。

② 康宝恕（1890—1969），字心如，康宝忠之弟。受其兄影响，加入同盟会，又赴日留学。曾授命组织"中华民国联合会四川分会"，创办《公论日报》，后往来于北京与上海之间，参与反袁世凯斗争。1919 年开始经商，任四川美丰银行协理，1926 年任经理。抗战期间，曾任重庆临时参议会议长。1949 年后，任西南军政委员会、财经委员会委员，全国工商联执委等，并参加了民主建国会。

③ 疴（kē）疢（chèn）：疴，病；疢，热病，亦引申为病。

④ 尔来：近来。

⑤ 中夜：半夜。《尚书·囧命》："怵惕惟厉，中夜以兴，思免厥愆。"

⑥ 桑落：桑叶凋零。《诗·卫风·氓》："桑之落矣，其黄而陨。"宋王安石《招约之职方并示正甫书记》诗："忆初桑落时，要我岂非夙；蚕眠忽欲老，一介未言速。"

⑦ 京邑：京城，国都。邑，也指京城。

⑧ 附羶，原出自《庄子·徐无鬼》："羊肉不慕蚁，蚁慕羊肉，羊肉羶也。"但《庄子》以舜比羊肉，百姓比蚁，是为褒义。后来则用来指代趋炎附势之人。吮痈，出自《庄子·列御寇》："秦王有病召医，破痈溃痤者得车一乘，舐痔者得车五乘。所治愈下，得车愈多。"又《史记·佞幸列传》："文帝尝病痈，邓通常为帝唶吮之。"指卑劣奉承的小人。

⑨ 门限：门下的横木，为内外之限。即门槛。

⑩ 《左传·襄公八年》："《周诗》有之曰：'俟河之清，人寿几何？'"俟，等待。人的寿命很短，等待黄河变清是不可能的。比喻期望的事情不能实现。

⑪ 蒜发：壮年人的花白头发。南宋张淏《云谷杂记续编》："今人言壮而发白者，目之曰蒜发，犹言宜发也。"宣，头发黑白相杂。

⑫ 茎：量词，犹言根。

耳。君当来视我劳生①，而我亦视君憔悴之姿也。书此，敬问起居。

炳麟鞠躬

十七日

【解说】此信作于 1914 年 9 月 17 日。此时鲁迅、许寿裳、钱玄同、沈兼士、黄侃等都到了北京，或在教育部等任职，或在北大任教，不时到章太炎处拜访，黄侃更直接住在章太炎家里，使太炎稍解寂寞。但夜晚独自一人之时，思妻之情仍不可遏制。

接此信后，汤国梨有回信，附于此：

平心而论，君以一书生，至事业文章纵横天下，功名姓氏，可期不朽，平生抱负亦已稍展，目的既达，似亦可以已矣。功成身退，诗酒自娱，如果万不能忘情于手缔之事业，则读书之暇，尽可以文章言论而褒贬之。如再不可为，亦听之可耳。盖国可更造，民不能易也。君乃热血欲沸，不惜投身浊流，讵知狂澜之祸，竟卷君以入矣。君孤高之士，既不能任之浮沉，又不能砥柱中流，徒受此播荡旋转之苦，而浊流依然，未稍见其证，而君已骨肉离散，身被拘辱矣。盖发之筹边使、勋二位，实已劝辱，况今日之遭遇乎？呜乎！吾每静以思之，未尝不为君痛哭也。然往事不可追，来者犹可为，愿君在都，凡于政界人物，无论其为师弟，为亲串，概勿与交，钱某等更无论矣。闭户读书，怡养天真。此后若得脱于羁绊，则勿再关心国事，著书立说，以立不朽之业。徒抱孤愤，亦殊无谓也。

五十四

汤夫人左右：

得九月初二日函，《索居》五律，词旨恬漠，太上忘情②，无乃太过。君已得家居之乐，譬如一唉莼鲈③，味已足矣。吾方属康心孚携三百圆汇其弟

---

① 劳生：辛苦劳累的生活。出自《庄子·大宗师》："夫大块载我以形，劳我以生，佚我以老，息我以死。"唐张乔《江南别友人》诗："劳生故白头，头白未应休。"

② 太上忘情：太上，指圣人。指如圣人那样不为情感所动。出自南朝宋刘义庆《世说新语·伤逝》："晋人王戎丧子，悲伤不已，人劝之，王戎曰：'圣人忘情，最下不及情，情之所钟，正在我辈。'"

③ 莼（chún）鲈：莼，莼菜，又名水葵，嫩叶可作蔬菜食用；鲈，即鲈鱼。这里用吃莼鲈借指家乡安居之乐。典故出自《晋书·张翰传》："翰因见秋风起，乃思吴中菰菜、莼羹、鲈鱼脍，曰：'人生贵得适志，何能羁宦数千里以要名爵乎？'遂命驾而归。"

康宝恕所，嘱彼手交君处，以作来京途费，不意遽归桑梓①，然此时可以行矣。未生正在上海。心孚亦方归沪，半月即可来京。君如有意，与心孚同行可也。如必欲怀土重迁②，亦不相强。川资三百可交心孚买置各种书籍，而北上严寒，正须裘褐。衣箱务当属心孚带上，中有貂褂，白狐、舍利③两袍及虎皮等一具，冬日必不可少。其余书籍、文具，亦可带交。但未知此种物件，退屋以后，君曾带归以④否？如尚寄存沪上，可速函心孚往取。心孚住威海卫路三十五号半。如在乌镇，君当自行带至沪上，交心孚领取。然此皆就不行为说。究之川资⑤已备，伴送有人，君亦何苦而为此濡滞？太夫人家居颐养，必有弟妹扶持，君当放心北上，非复如前月之依依⑥也。秋月初圆，木叶已脱，延跂⑦江天，不胜惆怅。书此，敬问起居万福。

炳麟鞠躬

十月初一日

【解说】 此信作于 1914 年 10 月 1 日。章太炎表示，如果夫人实在不愿意北迁，那么也没有办法，但家中衣物乃至书籍、器具，还是要搬到北京，尤其天气渐冷，皮具外套更是亟需。而在信的最后，章太炎还是表达了思念与期盼之情。

附汤国梨《幽居》五首，大概就是章太炎信中所说的《索居》：

幽居闲似水，万念已成灰。身世百年梦，悲欢一酒杯。焚香听雨过，闭户避人来。无事治清课，庭花手自栽。

淡泊养真吾，幽居转自娱。有蔬堪佐膳，无酒罢提壶。我已清贫惯，谁怜心迹孤。秋风动归思，乡味忆莼鲈。

---

① 遽归桑梓：遽，急，骤然，突然；桑梓，桑树和梓树，是古代家宅旁边常栽的树木。《诗经·小雅·小弁》："维桑与梓，必恭敬止。"本指看到桑梓，容易引起对父母的怀念，后用作故乡的代称。

② 怀土重迁：留恋故乡，不愿轻易迁居他处。《论语·里仁》："小人怀土。"魏何晏集解引汉孔安国曰："怀土，重迁。"《汉书·元帝纪》："安土重迁，黎民之性。"

③ 舍利：此处指猞猁，似猫而大，尾短。两耳尖端有两撮长毛，两颊的毛也长。全身淡黄色，有灰褐色斑点，尾端黑色。四肢粗长，善于爬树，行动敏捷，性凶猛。皮毛厚而软，是珍贵的毛皮。

④ 以：通"已"。

⑤ 川资：盘缠，旅费。

⑥ 依依：恋恋不舍的样子。

⑦ 延跂：伸长头颈，踮起脚跟。形容仰慕或企望之切。

蜗庐临市巷，深闭若山居。卷幔迎归燕，携筐摘野蔬。瓮藏新酿酒，门断故人车。还念膏粱客，清闲孰似余。

小斋新雨过，帘卷晚风清。自觉罗衣薄，还怜纨扇轻。流萤沾草湿，凉月隔花明。忽地闻归雁，凄凄动客情。

一身终是客，何处不相亲。已悟浮生梦，况为乱世人。琴书聊作伴，风月与为邻。潦倒存真我，饥寒未是贫。

五十五

汤夫人左右：

前得律诗五首，其书乃从乌镇寄来，即已作函答覆。近得未生来书，知君尚在上海料理装载。前已属康心孚手带三百圆归沪，此款乃与逖先交易而退。为君川费①。尔来东警频仍，津浦路断，京师恐亦将不靖。君固无庸②急于北上，其三百圆已属心孚交寄未生，属令转寄君处矣。近未知君在上海，抑③在乌镇，故为委曲④。谂⑤读未生来书，知君零丁辛苦，俭啬自持，闻之悲惋。风尘⑥横起，南北阻绝，又自伤也。君以孤寄⑦沪中，索居寡语，欲迁至杭州居处，彼地房屋、饮食费，皆减于沪上，但城市之地，绝少端人⑧，彼中握兵权者，又与吾素不相合，此亦宜就未生详审商度也。惟家有一女⑨，朝夕教之，亦聊可遣闷耳。人事变幻，国是尚不可知，且当俟风波稍定，观其利害，再定北行之计，然亦难以预期矣。秋风乍起，木叶将黄，鉴薄影于星河，比浮生于林露⑩。昔人云，悲哉秋之为气⑪，想同此

---

① 川费：与川资意同，旅费。

② 无庸：无须，不必。

③ 抑：抑或，或者。

④ 委曲：这里指曲折。章太炎给夫人的300元旅费，没能直接寄达，而是通过康宝忠、龚宝铨两次传递。

⑤ 谂：义同"审"，知悉。

⑥ 风尘：指流言蜚语。

⑦ 孤寄：独身寄居他乡。

⑧ 端人：端，正。正直的人。《孟子·离娄下》："夫尹公之他，端人也。"

⑨ 指章太炎的小女儿章㠭（zhǎn）。

⑩ 星河，即银河；林露，林中的露水。星光映照下单薄的身影，感叹人生就像林中的露水那样短暂。此盖借用清洪亮吉《蒋安定墓碣》："室冷无寐，秋虫鸣阶。鉴薄影于星河，吊浮光于林露。"

⑪ 战国时宋玉《九辨》："悲哉，秋之为气也！"意为秋天的肃杀气氛多么令人悲伤啊！

殷忧①也。勉力加餐，善自珍卫。

炳麟鞠躬

得书望付覆书。

十月初九日

【解说】此信作于 1914 年 10 月 9 日。当军事冲突起，北京也可能被波及时，章太炎即叮嘱夫人暂时不必北上，等到战事结束、时局稳定再说。而上海是否安全，抑或迁居杭州是否合适，章太炎在北京都无法了解，请夫人与女婿龚宝铨商量决定。

章太炎与家人合影

五十六

汤夫人左右：

得十八日手书，知脑病尚未全②愈，怏郁③已甚，何以自娱？所寄书籍、裘衣，昨已取到。绵袄、裤亦殊欲得之，而不愿君之劳顿从事也。顷有裘衣，亦足御寒。但不知君在南方，孤冷何似？念曩日岁寒松柏之言，亦谁与君共此者乎？战事恐未猝止，然日本已代管东清铁路④，则南北满⑤当以全力经营，未必于山东开衅。君果不欲住永

---

　①　殷忧：深沉的忧虑。

　②　全：通"痊"。

　③　怏（yàng）郁：同怏悒（yì），郁郁不乐。

　④　东清铁路：正式名称为"大清东省铁路"，又称中国东省铁路，简称东清铁路。光绪二十二年（1896），李鸿章与沙俄签订《中俄御敌互相援助条约》（简称《中俄密约》），允许俄国修筑东清铁路。1898 年 8 月正式动工，1903 年 7 月 14 日，东清铁路全线通车，并开始正式营业。以哈尔滨为中心，西至满洲里，东至绥芬河，南至大连，路线呈丁字型，全长约 2 400 公里。日俄战争（1904 年）后，沙俄把南满铁路的长春至大连段转让给了日本。

　⑤　南北满：地理意义上的满洲指东北三省和今包括内蒙古自治区东部的赤峰市、兴安盟、通辽市、锡林郭勒盟、呼伦贝尔市。1907 年 7 月，日俄签订协定，在密约中，日俄划定了南满和北满的分界线，正式承认各自的势力范围，以松辽分水岭作为地理界限。此线以北的满洲地域即为北满，以南的满洲地域即为南满。

年①，上海岂有暂安之处？如愿北来，引领以望。明岁南归之说，恐属同人希冀之辞，未必属实。康处三百圆，已函令未生往索，未知已索到否？向有宋本《注疏》六部，由逖先属康带致未生，不知已到否？因康之办事，无益于己则甚稽缓也。可函询未生也。

炳麟鞠躬

廿二日

再，君出永年后，速将地址示知，以便通信。

【解说】此信作于1914年10月22日。汤国梨不愿北上，但对于章太炎的生活，还是有所安排，书籍、衣服都及时寄上，后来还曾多次寄送棉衣，关怀备至。

五十七

汤夫人左右：

本月十二日始接绵衣，距初寄时已一月矣。其后叠奉手书，心绪尚恶，竟未作答。自廖君女来后，稍不寂漠，警匪亦渐次萧清。闻君在家身体羸弱，此时天气渐和，冰雪方解，宜可来此一省。廖近在家读书，吾课以《古文辞类纂②》，然课读之事，素所不习，兼一身著述，觉此为烦。君平素老于此事，来此即代吾劳，兼有伴侣，更不寂寥。薇生③亦曾言天暖即来，业已驰书促之。君能与薇同行，中途更多照料。良时在兹④，引领以望。书此，即问起居万福。

炳麟鞠躬

廿九日

【解说】1915年1月9日，章莅至京，故此信当作于1915年1月29日。自7月章太炎迁居钱粮胡同，政府每月给予500圆生活费用，而徐延祚从中

---

① 永年：即前汤国梨迁居在上海的住所孟纳拉路1109号永年里。
② 《古文辞类纂》：清姚鼐编。以唐宋八大家为主，收录中国古代各类古文700余篇，是中国古代文言文最重要的选集之一。
③ 薇生：即龚宝铨。
④ 兹：此时，现在。

克扣，章每月仅得 300 圆。黄侃进京后与章太炎同住，而 11 月 30 日夜有警察来逼迫黄侃迁出，同时警察站岗守门，禁止来客。朱希祖来访不得进入，12 月 2 日，汪东来访，又遭警察呵斥诘问。经此刺激，章太炎遂于是日开始再次绝食。其弟子钱玄同等一面上书平政院申诉，一面往见警察总监吴炳湘，乃允许太炎门人、友朋无政治色彩者拜访。然而章太炎绝食之志甚坚，其不喜烧煤炉取暖，窗缝寒风袭人，章太炎竟至于奄奄一息，卧床不起。1 月 9 日，章琹至京，当晚同用晚餐。另有一种说法，大概同时，马叙伦来访，二人相谈甚欢，至晚，马叙伦告辞，章太炎留其晚饭，马言对绝食之人不忍下咽，章太炎由是恢复饮食。大概两种因素对章太炎停止绝食皆有作用。

　　章琹此时 16 岁，章太炎教女读书，以姚鼐选编《古文辞类纂》为内容，令幼女学习文言文。

　　2 月 14 日，乙卯年春节，鲁迅、沈尹默、钱玄同、朱希祖、马叙伦、马裕藻、许寿裳皆至章府拜年。

五十八

汤夫人左右：

　　前数日已覆一函，想已收到。近日长女蕴来①及未生婿皆已决定来京，

---

　　① 即章㸑（lí）。㸑，古读如丽，门户疏窗的样子。

与次女甡君①会于上海，相偕前往迎君。近日京城无事，气候亦和暖适人。思君正亟，君必当偕两女前来，弗负此苦念也。仆近身体亦佳。君春来想亦少病。太夫人体气何如？瘳后亦宜时常服药调养也。此问起居万福。

炳麟鞠躬

阳三月廿九日

【解说】此信作于1915年3月29日。据此，似乎章太炎中止绝食后情况好转，章甡即返乡，而此时又将与长姐由姐夫护送进京。而章太炎亦希望夫人能与女儿、女婿同行，一家人在京团聚。

五十九

汤夫人左右：

　　得二十七日手书，悲喜交并，所劝南归及不欲仰人鼻息之说，怀之久矣。仆之欲归，如痿人不忘起，势不可耳②。嗟乎！观人察事，亦何容易？岂报章浮泛③之论，市井一哄④之见，而可以知其真相耶？来书以曲赦⑤党人之事，谓仆必不见⑥忌。不知政府为此，但以敷衍⑦门面，而真心疾痛未忘也。彼所赦者，皆乌合驰说之徒，此辈见利即趣，遇败即散，原不为政府所深忌。仆与此辈，政府本不一概视之。盖袁本武人，所畏不在军人流氓，而在学者。前岁党狱所治，亦不在二次革命之人，而在首倡光复之人。（不然，谭延闿⑧、

---

①　甡君，即章甡（zhǎn），实为章太炎第三女。然其次女章㚟（zhuó）已过继给兄长，故称甡为次女。

②　痿，肢体萎弱，筋脉弛缓。下肢萎缩麻木的人仍想站起来走路。指虽有强烈的意志，却无从实现愿望。出自《史记·韩信传》："仆之思归，如痿人不忘起，盲者不忘视也，势不可耳。"

③　浮泛：浮浅，不切实。

④　一哄（hòng）：喧杂吵闹。

⑤　曲赦：赦令的一种，不普赦天下而独赦某一地区或者某一部分人。《晋书·惠帝纪》："（永康元年八月）曲赦洛阳。"《资治通鉴·晋惠帝永康元年》引此文，胡三省注曰："不普赦天下，而独赦洛阳，故曰曲赦。"

⑥　见：被，受。

⑦　敷衍：表面上应付，装点。

⑧　谭延闿（1880—1930），字组庵，又字组安，号畏三，湖南茶陵人。光绪朝进士。与陈三立、谭嗣同并称"湖湘三公子"；与陈三立、徐仁铸、陶菊存并称"维新四公子"。清末主张君主立宪，辛亥革命后，为湖南都督。后加入国民党，参加"二次革命""护国运动"，又曾任南京国民政府主席、行政院长，为国民党元老。善书法，好美食，创"组庵湘菜"。

欧阳武①、程德全②皆以都督独立，而谭、欧一判即赦，程则绝不问及，何耶？至如陈之骥③、王金发④辈，更不足数。且陈为冯国璋女婿，王亦实与孙、黄不合，岂政府所必欲置诸死地者耶？）去岁黎宋卿⑤、孙尧卿⑥诸友，已将此情转问要人⑦，答言则云："由重生畏，由畏生忌。"此乃政府用心最深之处，岂可以外面和平谓其无事？又岂可以本非同比例者而强开比例乎⑧！上海、苏、杭一带，率多浮浪⑨，武昌起义以后，乃哄然称革命党。此前十载经营，皆非彼辈所晓。彼视莫伯衡⑩之归国，以为政府遇仆与莫相同，则真可谓盲人之道黑白矣。君虽未知前事，于此不应轻信人言也。仆观近势，政府暴戾恣睢之气虽渐次归平，而彼所隐忧方大，己既无能，则忌人之心自不能已。譬如惊鸡甫定，惟有与之相忘，则彼亦渐能忘我；稍一警动，又鼓翅而起耳。迟一二年，容⑪可作南归之计。今若骤与之言，是鸡甫定而又惊

---

① 欧阳武（1881—1976），字南雷，江西省吉水县人。早年赴日留学，和李烈钧等为江西省第一批次送往日本士官学校深造的留学生。后长期在江西军界任职。"二次革命"时，被推为江西都督，称病不出。

② 程德全（1860—1930），字雪楼，四川云阳（今属重庆）人。早年入仕，历任东北要职。清末参与预备立宪。武昌起义爆发后，先电请清廷改组内阁，宣布宪法，后宣布苏州独立，就任江苏都督。曾与章太炎等先后组织中华民国联合会、统一党、共和党等。袁世凯任总统后，被任命为江苏都督。"二次革命"后辞职退出政界，隐居上海，闭门诵经。

③ 陈之骥（1884—1964），字叔亮，河北省宁河县丰台镇人。冯国璋女婿。早年毕业于日本陆军士官学校，并加入中国同盟会。后参与"二次革命"。冯国璋下台后闲居天津。1960 年 8 月，被聘为中央文史研究馆馆员。

④ 王金发（1883—1915），字季高，浙江绍兴人。早年加入会党，从事反清活动。辛亥革命期间任绍兴军政分府都督。"二次革命"时，在上海招集旧部，任浙江驻沪讨袁军总司令。"二次革命"失败后，遭通缉，1915 年遇害于浙江陆军监狱。曾被孙中山誉为"东南一英杰"。

⑤ 黎宋卿，即黎元洪，字宋卿。

⑥ 孙尧卿，即孙武（1879—1939），字尧卿，湖北夏口人，中国近代民主革命志士，辛亥武昌起义领导者之一。1900 年参加汉口自立军，1904 年、1907 年两度赴日学习军事。回国后曾参加梧州起义。1911 年被武汉共进会、文学社等团体推为主席。1911 年 10 月 9 日，在汉口俄租界宝善里试验炸弹，爆炸负伤撤退，引起清军大搜捕，遂爆发武昌起义，任湖北军政府军务部部长，1912 年 3 月，自行引退。1915 年 12 月，任参政院参政。北伐军抵武汉后，退居北平，直至去世。

⑦ 要人：此指袁世凯。

⑧ 指本来不是同一类情形，而硬要类比。

⑨ 浮浪：轻薄放荡。

⑩ 莫伯衡，即莫永贞（1877—1928），1903 年乡试中举，后东渡日本，入早稻田大学，宣统三年（1911）毕业，授法科进士。为中国同盟会早期会员。1912 年，被推为浙江省临时议会议长。1914 年，袁世凯下令解散各省议会，莫曾联同 18 名议员致函浙江都督朱瑞反袁。朱奉袁令查办，永贞逃离浙江，再次东渡日本。1915 年回国。

⑪ 容：容或，或许。

扰之也。要之①，仆所怀者，惟有一死，次则出家为沙门也。今岁以出家告政府，彼仍不允，仅将警卒撤去。夫出家尚不可望，而况于归家乎？何君所与往来言论者，皆知表面，而不知底里也。廖君在此，国文、英文，虽有专业，而按期授课，反不如学校之有恒时，其实亦不如归家入校为善。所望君来，谓可以团聚耳。君既多病，仆亦绝少生趣，迟一二年，恐已不复相见，一晤而死，何快如之！若责人以所不能，而又无可以为其后盾者，则所谓俟河之清，人寿几何也。此种情事，不须与他人议之，蛰仙或能领略耳。此问近安。

炳麟鞠躬

初六日

【解说】此信作于1915年4月6日。1915年元旦，袁世凯下令大赦："在中华民国三年十二月三十一日以前犯附和乱党之罪，凡系被挟或系胁从，查无扰害行为，而实非甘心从逆者，无论在国内在国外得因其自首特赦之。"见此赦书之后，汤国梨以为夫君也有被释的希望。对此，章太炎看得更清楚：袁世凯所赦免的，本就是他所不忌讳的武人，因为武人可以利诱之；即使不受诱惑，还可以兵加之（袁世凯所拥有的武装，要强于各地军阀）。而所谓"首倡光复之人"，都是长期坚持革命的斗士，都是有比较坚定的意志的，他们反袁，即使失败也不气馁，还是会东山再起，所以袁世凯特别忌恨这样一些人。章太炎即是其中之一，所以不会被袁释放。

章太炎幼女在身边，虽可缓解寂寞之情，但总体而言，对前途仍不乐观，所以希望在死之前可以与夫人相聚一段时日，哪怕见一面也好！

六十

汤夫人左右：

得八日书，敬悉廖君宜归侍。君如忧用绌②，银行款原可支取，吾亦当有所寄，幸勿踧踧③也。纳妾虽常事，于我则不相宜。方今法律只成具文，

---

① 要之：要而言之，总之。

② 绌：短缺。

③ 踧（cù）踧：惊惧不安。

私逃诬告，所见多矣。此之为害，过于饮鸩酒也。目下外交已了，而内忧有过于是者，佗①人未必蒙害，吾则深惧不免，虽不障碍人，而人必以我为障碍品矣。君观前代嵇康事迹②，可以了然。隐忧深结，书此达意。

炳麟鞠躬

【解说】 此信约作于 1915 年 4 月。前信言及章㻏在京，学习功课方面不如回家上学为好，故汤国梨信中亦希望章㻏返回南方。下一封信中对此又有提及。

六十一

汤夫人左右：

得五日书，具悉右文社③所作目录，乃系前两月中心孚所定。上月心孚之弟来京，早与斟酌改删，其《秋瑾集序》一篇，已在删除之中，想不日当另印目录也。心孚事乃仆所委托，并未生亦列名，故可如意张弛。其钱须弥辈素行无赖，不值与之理论版权之事，或许或不许，已属右文社主之。至《秋瑾集序》一篇，仆意观云④未必肯自出面，同时已函致心孚，令其与钱辈磋商矣。但无赖之徒，惟知取利，非有势力压之，终恐寡效，且看心孚办此如何。如其不效，再作别种商量也。君近日病势起否？闻与鬯女一书，自言憔悴，鬯亦亟欲回家伴君。至于迁杭之举，未生亦谓决定可行。大约下月未生可归，君当就与酌量耳。

炳麟鞠躬
初九日

---

① 佗（tuō）：他。

② 嵇（jī）康（224—263，或 223—262），字叔夜。谯国铚县（今安徽省宿州）人。为"竹林七贤"之一。娶曹操曾孙女长乐亭主为妻，因不满司马氏专权，声言"非汤（商汤）武（周武王）而薄周（公）孔（子）"，遭钟会构陷，为司马昭所杀。

③ 右文社：民国时期上海的一家出版机构。

④ 观云，即蒋智由（1865—1929），原名国亮，字观云、星侪、心斋，号因明子，浙江诸暨人。甲午后主张变法，1902 年与蔡元培等在上海建立中国教育会，参加光复会，任爱国女校经理。后自费赴日本，任《新民丛报》主编。与梁启超发起组织政闻社，提倡君主立宪。晚年寓居上海。善诗，与黄遵宪、夏曾佑被梁启超并列为"近代诗界三杰"。蒋智由去世后，章太炎曾有挽联："大泽岂无贤，正令垂钓磻溪，谁能一顾；衡门可终老，但未策名党国，便是千秋。""卅年与世相浮沉，朝市山林，卷舒由己；千古论才无准的，黄钟瓦缶，际遇为之。"

观云兄近状，仆亦略知。此时黑暗甚于清末，徒执法律与人谈判，势所不能。此语望告观云详之。

【解说】此信作于 1915 年 5 月 9 日。当时右文社欲印行《章氏丛书》，而是年 4 月，上海国学书室曾排印出版钱须弥编《太炎最近文录》一册，该书未曾经章太炎授权，所收文章又多属摘录报章上章氏文字，并不能准确反映章太炎的思想，故章太炎委托右文社和康心孚与彼磋商解决。

关于《秋瑾集序》，该文原发表于《民报》第 7 号（1907 年 10 月 25 日），为章太炎在秋瑾就义以后为其诗集所作的序，《太炎最近文录》列为附录。该文本为表彰秋瑾之志节，惟其中提及"瑾素自豪，语言无简择，尝称其乡人某为已死士，闻者衔之次骨。徐锡麟既诛恩铭，党祸浸寻及绍兴，遂牵连以告有司而贼之"。遂涉及秋瑾之死的罪魁祸首问题。

秋瑾之死，并无实际证据表明秋瑾"谋反"，而缘于"有通匪笔据""有绅绅告密"。所谓"绍绅告密"之士绅，当时舆论所谴责指控者主要有二人，一为绍兴府中学堂监督袁翼，一为山阴劝学所总董胡道南。而《天义》则将秋瑾之死怪到蒋智由头上："袁翼者，与锡龄（麟）同为某暗杀团党员。及蒋观云创政闻社，鼓吹立宪邪说，又引翼为己党。观云素与瑾相识，瑾固多大言，尝语人曰：'蒋观云者，吾司为东京革命机关。'蒋恐祸及己，恨瑾次骨，故与袁翼通谋，促之使告密。及东京绍兴人开同乡会，观云犹语人曰：'为保卫地方上治安计，不得不杀瑾。'其设心之毒如此。"下一信中提及"关系观云（即蒋智由）名誉"，盖因为此。实际上，秋瑾之死与蒋并无关系，章太炎《秋瑾集序》中一段，所指应当也不是蒋。而后来章太炎与蒋智由关系不错，希望避免这种无谓、无根据的"猜疑"，于是要求在自己的著作中删去这一篇。

六十二

汤夫人左右：

最近曾发一书，比又连接两函。君欲与未生同住亦好。廖君归否，容俟后定也。国学书室所刻《太炎最近文录》，前康心如已曾相示。右文社欲与交涉，不知其果否也？其中所登文字，今昔异情，原无关系。彼辈妄加评骘①，亦属小人常态。吾心自有把握，宇内自有公评，断非一二小人腾其簧鼓②所能变乱也。唯《秋瑾集序》一篇，关系观云名誉，即袁迪庵③临事委蛇，亦属可谅。故右文社近刻《文集》，已属将此篇抽去。而小人专恣，拾其覆沈，殊属荒缪，然亦或不知事状所由来也。版权之说，出言不逊。今日谗慝④横行，宵人成市，大怨尚不能修，而况此小小者乎？语云：豺狼当道，安问狐狸⑤？事之更复，亦何常也。今日且不必与争，争之亦无益耳。右文社康心孚辈，仆已明以刻版委之，或康等能与争执，未可知也。吾意今日不必与论版权，但将《秋瑾集序》一篇促其抽去。此事仍以托之观云，附信一函，望即交去，未知观云力量何如也。书此，敬问起居万福。

炳麟鞠躬

五月二十六日

【解说】此信作于1915年5月26日。对于国学书室私印《太炎最近文录》，章太炎相当不满意，但是对于他来说，这些不过是小人为了利益而肆无忌惮，还属于小事。上有袁世凯这样的大盗，有数不清的腐败官僚，又哪里顾得上这些小人呢？

六十三

汤夫人左右：

前接信及小词，已作覆函。阅十余日，未知收到否？近日北方渐寒，江浙一带想余暑亦退。仆屡⑥欲作书一幅寄君，苦于难达，且作后图。京师议论日纷，彼冒昧主张者，徒造成亡国之基础，虽暂得富贵，其覆可待。仆以

---

① 评骘（zhì）：评定。
② 簧鼓：《庄子·骈拇》："使天下簧鼓，以奉不及之法。"后谓用动听的言语迷惑人。
③ 袁迪庵，即袁翼，浙江绍兴人。曾与秋瑾同在日留学。秋瑾遇害时，为绍兴府中学堂监督。
④ 谗慝（tè）：邪恶奸佞之人。《左传·僖公二十八年》："非敢必有功也，愿以间执谗慝之口。"
⑤ 出自汉荀悦《汉纪·平帝纪》。比喻大奸大恶之人掌握大权，专断横行，为什么要去管下面的宵小之徒呢？
⑥ 屡：假借为"屡"。

性情素峻①，人亦不敢强迫。两女虽已成年，大事安危，终非所晓。未生暂当留此，以备意外之虞。仆今忧患虽深，而坐待死亡，转无烦恼，唯以力薄身羁，坐视危亡而不能救，以此自愧而已，余复何言！君近亦宜顺性将②形，无太自苦。书此，即问起居万福。

章炳麟鞠躬

九月初一日

【解说】此信作于 1915 年 9 月 1 日。在被软禁期间，章太炎多次绝食，也多次表达了求死、命不久长的意思。大概就在这一时期，章太炎又大书"速死"二字，并作跋曰："含识之类，动止则息，苟念念趣死，死则自至，故书此二字，在自观省，不必为士燮之祷也。乙卯孟秋，章炳麟识。"而之后不久其长女自尽的地方，就在悬挂这幅字的旁边。

六十四

汤夫人左右：

发书后数日，大变遽作。蕴来于八日平旦无故自经③，系缳④非紧，足尚至地，而呼吸已绝矣。延医救治，云已无及，遂于九点钟阴命。猝遭此变，心绪恶劣，又异前时。蕴来平日与未生伉俪颇笃，事翁姑、处弟妹皆能雍睦⑤无间，唯天性忧郁，常无生趣。在此五月，虽言笑如常，恒以得死为乐，游公园，观戏剧，皆勉强应酬，神情漠然。自裁已经一次，幸被解救，盖相距已两月矣。临命之夕，尚与未生、廖君笑谈如故，家中了无防闲⑥，不意遽自弃生。观其所为，并无必死之□，而遽至不救，可哀也已！廖君自遭姊丧，戚戚无欢，虽性稍爽朗，而厌世之心平日殆无大异，恐其因是致病。未生意趣本与蕴来相近，唯幸为男子，得以朋辈酬酢解忧耳，既遭变故，精爽

---

① 峻：严厉苛刻。
② 将：保养。
③ 自经：即上吊自杀。
④ 缳（huán）：绳套。
⑤ 雍睦：和睦，和谐。
⑥ 防闲：防备，防范。

益耗。仆则生趣久绝，加以悲悼，盖不自支持矣。前得张伯纯之讣告①，未逮三日，吾女又陨，岂不悲哉！

炳麟鞠躬

九月十日

【解说】此信作于 1915 年 9 月 10 日。9 月 8 日，章太炎长女章㸚自经身亡。其死因，有种种说法，如因为穷困，因为抑郁症，因为忧心父亲安危，等等。但无论如何，对章太炎不啻是一次重大的打击。11 日，章太炎作《亡女㸚事略》曰：

亡女㸚，字蕴来，性端简，生十岁丧母。余适以事遭胡清逮捕，故㸚从其伯父受学，三年。余违难抵日本东京，始通书存问，又四年，㸚东行，余教之诗，不深好也。适嘉兴龚宝铨，年十七矣。宝铨素与会稽陶成章善，亦数离患。东走，从余学。故成章为致辞，既婚，未得归国，濡滞东京。岁余，武昌军兴，余始与宝铨、㸚先后归上海，而成章解遘遇祸，宝铨不自聊，夫妇居钱唐西湖，无问世意。民国元年夏，复与宝铨同赴东京治疾，逾年归。

㸚性狷好洁，平居衣履有小蹇垢，必鞶蹙刮治之，而恶与乘时取势者往来。然处家委顺，善得尊长欢，与叔妹居，无间言。独时邑邑不乐，常欲趣死。余数遇祸，而宝铨亦时怏郁。民国四年四月，㸚如京师省视，言笑未有异也。然燕处辄言死为南面王乐，余与季女㛃常慰藉之。宝铨数引与观乐，或游履林围间，㸚终不怡。见树色，益怃然若有亡者。九月七日夕，与宝铨、㛃谈笑至乙夜，就寝，明旦起视，已自经，足趾未离地。解抚其匈，大气既绝矣。医师数辈皆言不可治，遂卒。

乌呼！余以不禄，出入生死几二十年，宝铨亦颠沛者数矣。幸虽有功，未得以觞酒与宾婚故人相劳，而蜳昝复时中之。成章之死，与其他故旧无穷失据之状，皆㸚所亲睹也。身处其间，若终身负疢疾者，其厌患人世则宜然。㸚未死十日，余尝以苛养欲购石药。㸚惧有故，辄止仆人毋往，其操心危厉如是，而遽自毁其躬。比敛，面如生，颜色更如欢笑者，此曷为而然者邪？民国四年九月十一日，章炳麟书。

① 按：张伯纯去世于 1915 年 8 月 4 日。

　　章燨死后，南方消息不畅，报纸上有宣言太炎已死的消息。南方友人纷纷来电询问，汤国梨更是心急如焚，急电问候。章太炎覆电曰："在贼中，岂能安！"在此过程之中，其电文即犯了袁世凯及其下属的忌讳。10月8日，京师警察厅致信汤国梨，要求其劝章太炎不要生事，并暗含威胁：

径启者：

　　前因章太炎君患神经病症，举言乖张，政府眷念前劳，恐其罹于非祸，交由本厅特别看护，实出于保全太炎之意耶。所以对于太炎种种待遇，必丰必优，一切用度，悉出公家，其起居饮食，无不适便。太炎久已处之泰然，安之若素矣。故前者曾屡约女士来京同居于此，已可见太炎在京并无所苦，而女士迄不能来，惟往来寄书，以通音问而已。不意太炎先后径寄女士二电，阅其词意，异常荒谬，自非神经别有感触，安得有此种电文。窃维女士与太炎谊属伉俪，关心尤切，既不能来京同居，则往来通函似应格外留意，多用慰藉宽解之词，开导其郁结，使彼无所怅触，庶几悖谬言词，不至形诸笔墨。否则扰乱治安，国有常刑。与其维持于后，曷若防范于先。用特函达聪听，希望嗣后通信，措词平和，毋使太炎神经有所感触，则出辞吐气，可免事端。此固太炎之福，想亦女士所愿也。此致汤国梨女士。京师警察厅启。中华民国四年十月八日。

　　据此可知，章太炎与汤国梨以及章太炎与他人的通信函电，皆在北京警察厅的监控之下。无自由，即无怪章太炎总有求死之心了。

六十五

汤夫人左右：

　　前得手书，未生辈行期未定，廖则终日默默，故未作覆，近想仍旧家居。自筹安议起后①，颇闻上海人情惶扰，近则北京风声亦急，南方可知。两日中连接浙中友人电报问安，盖讹传吾已死也。此虽虚语，然事实亦不相远。

---

　　① 1915年8月14日，杨度、孙毓筠、严复、刘师培、李燮和（按：李燮和为杨度等坚持邀请、烦于坚拒所误，非其本意如此）、胡瑛六人联名通电全国，发表筹组筹安会宣言，宣称"以研究君主、民主国体二者以何适于中国"，其意则在推动袁世凯复辟帝制。8月23日，由杨度亲自起草的筹安会宣言公开发表，筹安会宣布正式成立。杨度为理事长，孙毓筠为副理事长，严、刘、李、胡四人为理事。

吾人生死问题，正如鸡在庖厨，坐待鼎镬①，唯静听之而已，必不委曲迁就，自丧名检②也。此问起居清胜③。

炳麟鞠躬

正书又得手笔，对联曾书一小件，君可随意与人。其六尺中堂、六尺单条，君可善藏之，切勿与人也。

炳麟又白④

【解说】此信作于 1915 年 9、10 月间。是年 8 月，杨度等人发起筹安会，意图推动袁世凯复辟帝制。南北各方，异动纷起，时局又将起变化。章太炎作为参与手缔民国的功臣，自然不会与袁世凯同流合污。章太炎处境愈发艰难，而处之则愈发泰然自若，毫不畏惧，并做好了慷慨赴死的准备。他作《终制》，作《诚意伯集序》，又联系刘伯温后人，表达了希望死后葬于刘伯温墓旁的要求。

六十六

汤夫人左右：

得明片⑤，知脑病又作，不知疗治稍愈否？久欲作字一纸以寄君，近已写就，而苦于难寄，不胜忧然⑥。时事日亟⑦，清臣陆润庠⑧尚以乱投汤剂自裁，况稍矫矫⑨者乎！吾辈意为此子⑩所忌，大约必不能生存矣。吾若强死于

---

①　鼎镬：鼎，三足两耳的金属器具。镬，无足无耳的金属器具。鼎、镬皆为烹煮食物的器具。此句亦有"人为刀俎，我为鱼肉"之意。

②　名检：名誉与礼法。或作"名俭"。晋干宝《晋纪总论》："谈者以虚薄为辩而贱名俭，行身者以放浊为通而狭节信。"张铣注："名俭，法度也。"

③　清胜：清雅优美，用为对人问候的敬辞。

④　白：告语。下告上曰禀白，同辈述事陈义亦曰白。旧时书信落款常以此结尾。

⑤　明片：即明信片。

⑥　忧然：怅然失意的样子。《论语·微子》："夫子忧然曰：'鸟兽不可与同群，吾非斯人之徒与而谁与？'"邢昺疏："忧，失意貌。"

⑦　指袁世凯谋求复辟之事。

⑧　陆润庠（1841—1915），字凤石，号云洒、固叟，元和（今江苏苏州）人。同治十三年（1874）状元。历任尚书、大学士，并充任皇族内阁的弼德院院长。辛亥革命后，留清宫为溥仪师傅。筹安议起后，发病不食，至 8 月 18 日病逝。

⑨　矫矫：刚强貌。《三国志·魏志·任峻苏则等传论》："苏则威以平乱，既政事之良，又矫矫刚直，风烈足称。"唐柳宗元《祭李中丞文》："高节外峻，纯诚内植，临事不回，执心无惑，矫矫劲质，擢于天枝。"

⑩　此子：指袁世凯。

北，君必不能独生于南，思共岁寒，独在临了一著耳。未生、廖君半月便可南归，然亦恐其濡滞耳。人生生死虽难知，而身体终当卫养，勿遂自弃，此又苦口劝君语也。书此，敬问起居。

炳麟鞠躬

十月十三日

【解说】此信作于 1915 年 10 月 13 日。袁世凯有意称帝，忠于清朝的遗老自然难以接受，所以有如陆润庠之自杀抗议。对于章太炎，袁世凯及其党羽希望其能上书劝进，他的支持会带来广泛的政治效应。章太炎曾有信怒斥袁世凯："某忆元年四月八日之誓词，言犹在耳。公今忽萌野心，妄僭天位，匪惟民国之叛逆，亦且清室之罪人。某困处京师，生不如死，但冀公见我书，予以极刑，较当日死于满清恶官僚之手，尤有荣焉。"

<h1 align="center">六十七</h1>

汤夫人左右：

得照相四片，识君憔悴。前寄一书，不知已收到否？大意劝君不必教授，徒自损神。上海所存一款，俟期满后即可支用。廖君下月约可回沪，与君为伴，庶可破寂寥。人生聚散，本自难知，大抵当如死灰槁木①，念念以败为期②。乱世之人，本无可信，有时不得不相委任，而不可永远任之。虽亲交密戚，皆当作如是观。仆之此心，君亦宜效。书此，即问起居万福。

炳麟鞠躬

廿三日

【解说】此信作于 1915 年 10 月 23 日。汤国梨给太炎寄了四张相片，但从照片来看，汤一人在南方的日子也不好过，时时担忧太炎有危险，又以家计艰难需要去做家庭教师赚钱，又常生病，不免容颜憔悴。章太炎虽在劝慰，

---

① 死灰槁木：冷了的灰烬，枯槁的树木。比喻毫无生气或意志消沉，对世事无动于衷。出自《庄子·齐物论》："形固可使如槁木，而心固可使如死灰乎？"晋郭象注："死灰槁木，取其寂寞无情耳。"

② 以败为期：败，解除，消散。指等待肉体的消亡。唐吴筠《神仙可学论》："云形体以败散为期。"

却也不免于劝其效法"死灰槁木"，对一切都不挂怀。但又如何能做得到呢？

六十八

汤夫人左右：

　　未生、廖君于阳历十一月初二回沪，附上人参须四匣、白木耳一匣，君试味之。时事日危，早晚将有变动。君欲迁杭之说，此时且缓，盖上海究视杭城为安也。廖君随君读书，亦不寂寥。如欲至杭，与家兄嫂辈相见，亦不妨，但杭地万不可住耳。家用如缺，所存余款径可支用，此时不须为久计也。书二纸交廖君带上，君藏之，何如？

炳麟上

（十一月）初一日（一九一五年）

　　【解说】此信作于 1915 年 11 月 1 日。次日龚宝铨与章㷍动身返回南方。在时局动荡之际，章太炎希望夫人不要迁往杭州居住，留在上海更为安全。

六十九

汤夫人左右：

　　得十五日书，知方剂已配，不知能有小效否？两三月以来，治病颇得手①，而救济之心亦益切。惜于外科本无经验，以理度之，此方当有效耳。所需手书，天寒未能如意，稍迟必当报命②。廖君闻开吊③事毕即归沪同住，以国文、英文为勉。此女平生未知忧患，迩来年向长成，当知人生不易，已作书劝勉之。君处逆境，亲尝艰辛之味，现身说法，最为有效。母仪之责，君能任之，庶可分我操心也。闻未生已将卖书赢余五百圆交上，未审足支半年开销否？《张伯纯事略》已收到，近正勉力欲为作诔④一篇，以尽死生之

---

①　得手：犹言得心应手。

②　报命：复命。奉命办事完毕，回来报告。书信中亦用作谦词。

③　开吊：有丧事的人家在出殡以前接待亲友来吊唁。

④　诔（lěi）：叙述死者生平功德以表示哀悼的文章。

谊。此外尚有《陶焕卿碑》，亦欲作而未就，半由心绪恶劣，然必勉强赴之。来书书作"张伯诚"者，误也。吾寓称"蓟汉章寓"，"蓟"字音倬①，君作书作"葑汉"，亦误也。书此，敬候起居万福。

炳麟鞠躬

二十一日

章太炎手书"蓟汉"

【解说】信中言"廖君闻开吊事毕即归沪同住"，章太炎1915年12月19日致龚宝铨书言"亡女开吊闻在近日"，故此信当作于1915年12月21日。章珽返回南方后，章太炎时时关心其学业问题：以国文为根基，最为重要；同时要学习英文等"新学"，不落后于时代。章太炎并不是食古不化的老古董，而懂得要在以中华文化为本的基础上适应时代的变化。

信中还提及章太炎的又一个号的读法："蓟汉"，"蓟"今读作"到"，但在这里应读作"桌"，意思是光大汉族、汉文化。章太炎一生的志向，也是光大以汉文化为核心的中华文化。

七十

汤夫人左右：

七日得一日书，天寒墨冻，未能作覆，今日稍和暖矣。太夫人乱疾未瘳，中土方剂想不适用，自以延请西医为善。仆近亦以天寒，左骱②受冻，背出

---

① 蓟、倬，并音zhuō，大也。《诗经·小雅·甫田》"倬彼甫田"，《韩诗》作"蓟"。按：《诗经》在汉代有用六国文字书写传授的，称古文诗，由毛亨、毛苌所传，称为"毛诗"，即我们今天所看到的。又有齐、鲁、韩三家诗，用当时流行的隶书书写，是为今文诗。古文诗、今文诗在文字上有差异，在对诗的解释上也有不同，一般都遵守各自的传授，不用其他家的解释。章太炎是清末的古文经学大师，在这里其实是使用了今文诗的用法，表明他并不墨守家法。

② 骱（wán）：膝盖骨，或腰骨。

风疹，延日本医生敷治，十日始瘳。目下已御丝绵，寒气不至侵逼，此皆君之赐也。暌违两地，聚首无时，知君念我，亦如我之念君。时势何常，总期宽心而已。沪上既租房屋，廖君可催其来，一以伴君寂寞，次亦使彼安心读书，不然虚出租费，甚无谓也。君既更[1]患苦，志向老成，以此教廖，庶令彼去童稚之心耳。书此，敬问起居万福。

炳麟鞠躬
十日

【解说】此信当作于 1916 年 1 月 10 日。对于岳母的病情，章太炎以为中医既然无效，自然应请西医治疗。至于自己生病，有时也请西医诊治。此即表明章太炎虽主张中医，但并不反对西医。

七十一

汤夫人左右：

又得手书。知房屋已租，而廖君尚未前来，三次往催，竟无消息。鄙意当作书与未生，令勉其行。吾已书与龚未生矣，君宜再促之。至于学习英文，以不就学校为宜。上海能教英文者甚多，日日走读，归后仍可修习国文，与君相伴。不然则国文荒落，徒学粗浅科学，甚无谓也。又此女向在家兄宅中，家庭教育甚少，以此不知人生忧患。再入学堂，同学亦皆丰少[2]，不能引以上进。若在家中，乃为有益耳，所以不令在杭入学而必移近家中者，即以此故，君当深体鄙意也。今年天气甚热，身体颇安，而京师喉证[3]亦多。君在沪中，总宜常服橄榄茸，多近火。异梦今仍如旧，久亦不以为异。张伯纯事应为作文表扬，苦懒，尚未执笔。阿育王寺[4]不知何宗何僧主持，其寺缘起

---

① 更：经历。

② 丰少：年少。

③ 喉证：指咽喉类疾病。

④ 阿育王寺：位于宁波市鄞州区宝幢太白山麓华顶峰下，始建于西晋武帝太康三年（282），是中国现存唯一以印度阿育王命名的千年古寺，素有"东南佛国"之称，因寺内珍藏佛国珍宝释迦牟尼的真身舍利及玲珑精致的舍利宝塔而闻名中外。1912—1916 年，住持宗亮先后重修大悲阁、禅堂、舍利殿、藏经楼等，并请章太炎为重修舍利殿作记文。

汤国梨与务本女校同学合影

如何，作文亦无难，但不知其事实，则无从下笔也。太夫人乱疾稍可否？西医用药有无成效耶？书此，即颂起居万福。

炳麟鞠躬

十九日

【解说】信中言"易梦今仍如旧"，自 1915 年 12 月初开始章太炎梦见自己成为阎罗王之一，故此信当作于 1916 年 1 月 19 日。其梦之大概，为与晋夏侯玄、宋梅尧臣、明王鏊以及印度、欧洲人等分别主管处理全世界冥府刑狱，王鏊与章太炎则为负责东亚地区之人。其所处理案件，大多是械斗谋杀、诈取钱财之类。除星期日之外，每晚必做此梦。某日白天曾写了一张请假条焚烧，当晚则无梦。章太炎做此梦至少持续到 1916 年 3 月底，而同一时期，章太炎对佛学亦有了更深的认识，由其口述、弟子吴承仕记录的《菿汉微言》，内容即多言佛学。

七十二

汤夫人左右：

昨得廖君来函，骇悉太夫人于初六日仙逝，药物无灵，不胜惨悼。君之哀戚，异地所知。独念时事变迁，山川修阻①，不能身与执绋②，尉君哀念，自愧而已。愿与令弟妹节哀顺礼，以俟清宁，余不敢多言也。本欲作挽障寄南，以重滞难寄，但致银币什圆，接到后望备置挽障，或祭奠等品，随宜施之。仆今身体尚安，请勿悬念。君在哀中，亦宜略近药饵③。此问礼安，不具④。

炳麟鞠躬

二月十六日（一九一六年）

【解说】此信作于 1916 年 2 月 16 日。由女儿处得知岳母病逝，于是致信夫人表示哀悼之情，并对不能亲执丧礼表示道歉。

七十三

汤夫人左右：

前得赴函，即寄书一封，赙仪⑤十圆，由廖君处转递，以乌镇不通邮汇故。想已收到。君自遘愍⑥以来，身体能不受损否？天时渐暖，以去岁风温过度，京师时疫甚多，想南方亦同此病，务宜时节寒温，兼服芦菔⑦、橄榄、盐汤诸物，亦防时气。自我不见，于今三年，但望善自珍摄，卫养形躯，则鄙心慰矣。吾今亦无他事，外来警报颇亦闻知，唯与学者数人谈论玄远，以待时清而已。丧纪之中，想君不欲多语，仍愿时与手书，慰我劳念。以君在恤，书此白纸为笺。兼问令弟妹礼中安否。

炳麟鞠躬

二月二十七日

再，前得赴函，因挽障等物难于邮寄，故以赙仪十圆寄去。其夕得书，知丧仪已办，挽祭等事，不厌多涂，随君调度得宜耳。又白。

---

① 修阻：路途遥远，阻滞隔绝。
② 执绋（fú）：送葬时手执绳索以牵引灵柩，后泛指送葬。《礼记·曲礼上》："适墓不登垄，助葬必执绋。"
③ 药饵：可供调养的药物。
④ 不具：不详尽，不一一述说。旧时书信结尾用语。也作"不备"。
⑤ 赙（fù）仪：慰问丧家的礼金。
⑥ 遘（gòu）愍（mǐn）：遭遇忧患，尤特指遭遇父母之丧。
⑦ 芦（lú）菔（fú）：即萝卜。

【解说】此信作于 1916 年 2 月 27 日。汤国梨在服丧之中，章太炎关心备至，既慰其宽心，也嘱咐其注意身体，预防季节性疾病。

七十四

汤夫人左右：

前日寄去乌镇一函，未知收到与否？君今日是否已归上海？天气渐暖，卫生须慎。廖君在沪，想能读书。兹有友人尹维峻①将归上海，其家裘氏，箱笼物件先次寄归，欲在吾家暂时顿置，如有余地，可将此件代存也。书此，即颂起居万福。

炳麟鞠躬
三月四日

【解说】此信作于 1916 年 3 月 4 日。为章太炎嘱咐夫人帮忙存放朋友尹维峻的物品。

七十五

汤夫人左右：

十日寄去诔文一通，并张伯纯诔文一通，想已收到。开吊之日，想君即回乌镇，事毕宜速归沪。廖入学堂学习英文，甚好，但国文仍宜自修。吾前令其在家兄处取银十圆，以购《资治通鉴》，未知其已得否？此女平日好观俗陋小说，此最有害。如能学习诗词，可以改移其志。君宜有以化导之也。京城喉证甚多，恐此又将染及上海，芦菔、盐橄榄等日日需服。猝遇此病，施治甚难，宜用去壳巴豆二粒，用绵裹好，塞于鼻孔，待喉中恶血破裂，则为可救。此事并告未生知之。未既在沪，附书与之；若已回杭，不须转寄，焚

---

① 尹维峻（1896—1919），浙江嵊县人，光复会会员，辛亥革命时期著名女杰之一。1905 年九岁时随姐姐尹锐志到绍兴、上海等地，参加光复会的反清革命活动，负责通信联络工作。辛亥革命时，参加兴复上海、浙江、南京等职役。中华民国成立后被孙中山聘为总统府顾问。1914 年与光复会同志裘绍结婚。1917 年 7 月与裘绍随孙中山赴粤参与护法运动。1919 年 7 月 16 日被北洋政府派遣刺客暗杀于广东汕头。章太炎为其题写挽联："倒满清反袁名扬天下，过潮汕同安痛莫可言。"

之可也。此问起居万福。

炳麟鞠躬

三月十五日

【解说】此信作于 1916 年 3 月 15 日。对女儿章㻹的教育，章太炎时刻挂念于心。除了送女儿到学校学习英文、自学国文外，此信中又提及要读《资治通鉴》，学习诗词。对于女儿喜欢读时下流行的小说，章太炎特别加以反对，其意大概以为不能引导人向上，而诗词则可以陶冶性情。

七十六

汤夫人左右：

　　得书知家道日乏，吾此时光景亦难。盖北京必有兵变，彼时食物必贵，故不得不预备资粮耳。今由正金银行①汇上中国银币②五百圆，即望检取。家

中华民国银圆，俗称"袁大头"

---

①　正金银行：即日本横滨正金银行，1880 年创办于日本横滨，积极参与对华资本输出，先后承办多笔对清政府和北洋政府的贷款，以及地方政府和实业借款。清光绪九年（1883）在上海设分行，宣统二年（1910）在北京设立支行，位于东交民巷。

②　中国银币：民国初年，北洋政府鉴于当时铸币、纸币十分复杂，流通的中外货币在百种以上，规格不一，流通混乱，折算繁琐，民众积怨，同时也想借助货币改制以解决军费问题，便决定铸发国币。1914 年 2 月 7 日，袁世凯以大总统令形式公布了《国币条例》及《国币条例施行细则》，规定钱币的铸造发行权归民国政府所有，国币种类有银币 4 种（壹圆、中圆、贰角、壹角）、镍币一种（五分）、铜币五种（二分、一分、五厘、二厘、一厘）。正面镌袁世凯侧面头像及发行年号，背面铸嘉禾纹饰与币值。即俗所谓"袁大头"。

中用度，不得不谋节省，此五百圆想可用三月。过三月后，时局必已变更，如再穷乏，上海存款不得不取矣。此问起居万福。

炳麟鞠躬
四月初六日

【解说】此信作于1916年4月6日。1915年底袁世凯宣布复辟帝制之后，12月25日，蔡锷、李烈钧、唐继尧等宣布独立，发起护国运动，武力讨袁。至1916年3月，袁世凯三路攻打云南计划失败，在广东等地也遭遇了军事失利，遂于3月23日宣布取消帝制，但仍担任大总统。但全国之反袁浪潮已不可遏止。章太炎以为北京也将发生军事政变推翻袁世凯，所以开始预作准备。上海家中经济困难，章太炎也迅即寄出500圆，希望可以安然度过这一段战乱之日。

<h2 align="center">七十七</h2>

汤夫人左右：

得手书，知家道窘乏，昨已在正金汇银五百圆，其信想不日可到矣。北方恐有兵变之祸，吾在此亦不得不稍备资粮。此五百圆总堪用三四月，过此时局必变矣。家中亦须稍存节省，以乱世得钱不易也。杭州可不必去，因见报章浙中亦未必平稳耳。别书与未生，望转寄。此问起居万福。

炳麟鞠躬
七日

【解说】此信作于1916年4月7日。昨日一信，章太炎担心战乱之时书信或许会有遗失，故今日又寄一信，与前信意思相同。

<h2 align="center">七十八</h2>

汤夫人左右：

得手书，知汇款已到，而家用难省。仆思此事不在一人布衣蔬食，大抵下人买物，须检核耳。鏐既渐向老成，亦肯读书，吾心甚慰。所需书籍，廿四史须百圆可备，一时亦难穷览；石印①《资治通鉴》不过七八圆，穷览亦易，决购《通鉴》为要。浙事详细未知，宜属未生手写一信，由君加封寄来，或令廖问尹维峻亦可也。

炳麟鞠躬

【解说】此信作于 1916 年 4 月 20 日。章太炎再次在信中提及要先读《资治通鉴》，同日寄章㻑之信中也提到了这一点。除读书以外，另一方面，之前章太炎在信中也曾提到，女儿未经人生忧患，尚存童稚之心，因此他希望女儿能逐渐成熟起来。章㶉之自杀，应是章太炎特别注意章㻑的教育和性格养成问题的重要原因。

<h1 style="text-align:center">七十九</h1>

汤夫人左右：

得信后即覆一书，想已收到。浙中闻颇平稳，此间报纸所登，皆是诬造，其间事态，究竟何如，未生何以无信邪？《阿育王寺重修舍利殿记》早已拟好，而未知其方丈姓名，寄书往询，亦未见覆，今将原稿寄归，其方丈之名阙②之，可由家转寄与彼。因不知方丈名字，故不能作楷书，当由寺僧请人写刻矣。此问起居万福。

炳麟鞠躬
四月二十六日

【解说】此信作于 1916 年 4 月 26 日。乱世之中，报纸消息往往不实，所以章太炎也特别希望知道南方的情形，希望夫人让女婿尽快回信予以说明。

---

① 石印：是根据石材吸墨及油水不相容的原理创制的一种平版印刷方法，其基本程序是：先将文稿平铺在石版上，上面涂上脂肪性的药墨，使原稿在石版上显印出来，然后涂上含酸性的胶液，使字画以外的石质略为酸化再开始印刷。因酸化的石材受水拒墨而无色，未酸化的部分拒水着墨而显色，这样便将字画按原样印在空白纸页上。中国传统印刷多用木板，即雕版印刷。石印技术在晚清时传入中国，由于用石印术印书，一可省去繁琐费时的雕版程序，二可降低成本，三是版面还能根据需要随意缩小放大，差错少，因此备受推广，极大地推动了我国晚清民初出版事业的发展。

② 阙（quē）：空缺。

八十

汤夫人左右：

　　本月十八日，以日本川田医院介绍，至天津公立医院治病。将上汽车，有数人蜂拥而至，云：汝欠我债。十数警察随之，拥至巡警总厅。警官出见，吾曰：汝辈真不晓死活，今何时，尚与人结怨耶？警官口称：但知奉大总统令，所以不欲正式干豫，而以欠债为名者，即为此故；若不肯，亦唯有正式干豫耳。吾曰：任汝正式干豫，他日自有正式干豫汝辈者。警官乃挽①铁道人员恳求还家，归则警察复守门矣。吴炳湘名在罪魁，兵在其颈，而抵死不寤，此辈颇与义和团同术。吾此次亦任彼胡闹，明知彼辈必不能久耳。观其情态，终究怯弱，而无赖亦校前为甚。身畔一玉一戒指，临时劫去。其后警察不但守门而已，有时且趋入中堂。似此目无法纪，亦其自知不久之征也。吾诸弟朋友，各自精进努力为要。

炳麟鞠躬
二十九日

　　【解说】此信作于 1916 年 5 月 29 日。5 月，袁世凯内外交困，形势愈发艰难，上旬，袁世凯或许要拉拢章太炎，所以将章府门前警察撤去，章太炎即有意趁此机会逃出北京，故于 5 月 18 日在日本友人的帮助下以治病为名想要乘车离开。而章太炎的仆人沈贵向警察告密，警察也知道袁世凯大势已去，但又怕承担责任，所以找无赖借口向章太炎追债，导致章太炎无法离京。虽然暂时没能逃出，但章太炎已预见袁世凯好景不长，所以也并不慌张，没有愤慨，坐等彼辈自作孽而已。

八十一

汤夫人左右：

　　得二十三日信后，即付覆函，未知已接到否？近日警匪行径，亦与从前

---

　　① 挽：请，托。

大略相似，都城唯是麻木气象，人人皆送眷至天津而已。逆渠感愤成疾，已不起床。今之伪令，又其子为之。闻其尚欲主战，不过送死耳。淞沪各军，彼令直讨浙江，想亦无能为也。家用窘乏，宜提存款。如又不能，向溥泉①设法借贷为宜。沈贵与警匪交通，前者出京被阑②，即由彼作暗线，业已开发。恐其又到上海，如到当属未生带去，严加处治。

炳麟白

【解说】此信作于 1916 年 5 月底或 6 月初。章太炎得知前次离京被拦是由于沈贵告密，马上将其从家中逐出，并通知夫人，防止夫人不了解情况而被骗。至于北京的情形，袁世凯已重病不起，"光明"可期。

八十二

汤夫人左右：

　　曾已寄过两书，想可收到。此事因沈贵交通警察，以作暗线，现已回覆。彼或到沪，唯交未生带去，严办而已。昨者袁酋殒命，今日黎翁就职。然吾家门禁未解，盖一时亦不暇思此也。家用窘乏，可提银行存款。此时南北汇通已绝，得一钱则过一天耳。《丛书》③再版，可嘱未生直寻心如取利，当时言定三分取一，按照此数，想亦不少也。此问起居万福。

炳麟鞠躬
六月七日

【解说】此信作于 1916 年 6 月 7 日。6 日，袁世凯因病去世，7 日，黎元洪继任大总统。此时章太炎之心态则趋平和矣。

---

① 溥泉，即张继（1882—1947），字溥泉，河北沧县人。1899 年赴日本早稻田大学留学。1903 年回国与友人创办《国民报》《苏报》《国民日报》《民报》《新世纪周刊》等报刊，宣传革命。1905 年加入中国同盟会。1912 年任中华民国临时参议院参议员、中国同盟会本部交际部主任。1914 年被选为参议院议长。同盟会改组后，加入国民党，为国民党元老，后历任国民党和国民政府要职。1903 年，章太炎与章士钊、张继、邹容四人在上海结为异姓兄弟。此后除邹容早逝外，章太炎与另二人一直保持密切的交往。
② 阑：通"拦"。
③ 《丛书》：指汇集章太炎主要著作的《章氏丛书》。

八十三

汤夫人左右：

　　七日黎公就职，即作书请见，并求解禁。黎本善人，于吾亦非无感情也，前事问尹维峻自知。即谕内务部总长王揖唐①传谕撤警。王答以"太炎在此颇安，今者大局未定，恐人害彼，不如仍旧保护，加以优待"云云。故至今未得撤警。夫本无祸患而云防害，囚虏待人而云优待，禁止行动而云保护，小人蒙蔽之言，于斯极矣。乃②王忽挽钱念劬作书与巡警厅要求撤警，又挽康心孚集门下诸生作书，盖不欲以撤警之权归之总统，而欲自操其柄，得以操纵自如，名撤而实不撤也。逖先知之，告诸生弗作信，而念劬信已写去，亦竟无效。念劬本吾旧友，其人尚有朋友交情，但向来办事胡涂，且染官僚习气耳，幸弗痛诋。闻君又致电黎公，恐亦无效。王揖唐从中阻挠，黎公无可奈何也。即不明言阻挠，而阳奉阴违，黎公不能调查也。黎设公府于东厂胡同，去钱粮胡同不过半里耳，然隔如胡越③矣。此事以一人言之无效，以门下诸生言之亦无效。君果有意，宜嘱维峻、未生告浙都督吕公望④作一电，再附浙中将吏、名士数人，宜可有益。浙已取消独立，与前此屈映光⑤发电自殊，唯不可以褚辅成⑥同

---

　　① 王揖唐（1877—1948），安徽合肥人。清朝最后一科进士，受徐世昌推荐赴日学习军事。中华民国成立后投靠袁世凯，历任总统府秘书、参议、顾问，参政院参政，总统府咨议。1916年任内务部总长。袁世凯死后，依附段祺瑞。抗日战争期间，公开投敌，1948年9月10日，以汉奸罪被处以死刑。

　　② 乃：可是，然而。

　　③ 胡越：胡地在北，越在南，比喻疏远隔绝。出自《淮南子·俶真训》："六合之内，一举而千万里。是故自其异者视之，肝胆胡越。"

　　④ 吕公望（1879—1954），字戴之，浙江永康人。早年参加光复会，辛亥革命时，参与光复杭州和攻克南京之役。1912年后，历任浙军第十一协协统、浙军第六师师长、嘉湖镇守使。护国战争时，在浙江宣布独立，起兵讨袁，继屈映光为浙江督军，不久又兼省长。后曾在上海、浙江等地经营实业。

　　⑤ 屈映光（1881—1973），字文六，法名法贤，浙江临海人。早年与秋瑾、徐锡麟等人参加革命，中华民国成立后任职浙江。1916年袁世凯称帝，浙江宣布独立，屈映光被推为浙江都督。以密电袁表示效忠，引起各界不满而辞职。后退出政坛，专志学佛及救灾慈善事业。4月19日，屈映光曾致电北京政事堂，请求释放章太炎、褚辅成。

　　⑥ 褚辅成（1873—1948），字慧僧，一作惠生，浙江嘉兴人。在日本加入光复会和中国同盟会。回国后任嘉兴府商会总理。辛亥革命时期，参与领导起义，光复浙江省城，军政府建立后任民政长。后任浙江省参议会议长、浙江军政府参事。1913年录选为第一届国会众议院议员，先是在众议院反对袁世凯善后大借款案，后又带头弹劾袁世凯，遂于同年8月遭袁世凯逮捕，袁死后获释。后参与发起创立九三学社。

举，盖褚案须俟大赦党人，而吾事片言可解也。议长汤化龙①，君亦宜往见。

十二日

【解说】此信作于 1916 年 6 月 12 日。黎元洪虽为大总统，下令解除对章太炎的监禁，但无奈下面的人坚持不放，黎元洪也无可奈何，毕竟北京本不是黎元洪的势力范围，而袁世凯虽死，其余党犹存。因此，章太炎希望夫人请浙江将士上书，以军队的压力迫使北京放人。随后，16 日，章太炎可以出入自由。21 日，吕公望致电黎元洪、段祺瑞，表示将派人北迎护送章太炎南下。25 日，章太炎启程离京，至天津乘轮船。7 月 1 日，抵达上海，终于返回阔别近三年的家中，与夫人团聚。

八十四

汤夫人左右：

廿七日自香港抵肇②，已发一片。在肇十日，观其大势，陆督③已可接任。西林④不久引退，吾亦于今日备南行矣。观云兄为西林所重，而以事将结束，不可引人使来。至陆督，性情果断，凡事取决于心，其秘书皆承旨作

---

① 汤化龙（1874—1918），字济武，湖北蕲水（今浠水）人。日本法政大学毕业，回国后历任湖北省谘议局议长、湖北省军政府民政总长。中华民国成立后，与梁启超关系密切，为立宪派代表人物。1913 年 1 月当选为国民政府众议院议长，支持袁世凯独裁。5 月与梁启超等人组织进步党，对抗国民党。后与袁的关系恶化，参加护国讨袁。后在加拿大为国民党人刺杀身亡。

② 肇：指广东肇庆。

③ 陆督，即陆荣廷（1859—1928），壮族，原名亚宋，字干卿，广西南宁人。早年以抗击法人知名，长期在广西军旅任职。1906 年受派赴日考察，其间加入同盟会。中国民国成立后任广西都督，后参与护国战争。袁死后为广东督军，次年为两广巡阅使。护法运动中，为广州军政府元帅，后主张南北停战议和。1920 年粤桂战争后，与岑春煊等通电解散军政府，1923 年通电下野，后病逝于上海。

④ 西林，即岑春煊（1861—1933），字云阶，号炯堂老人，曾用名云霭、春泽，广西西林人。云贵总督岑毓英之子，清光绪十一年（1885）考取举人，以恩荫入仕。甲午中日战争时前赴战场，光绪二十四年（1898）因力主变法维新而得光绪帝青睐，提拔为广东布政使。1900 年八国联军侵华，率军至北京"勤王"，并护送慈禧太后和光绪帝至西安，因功擢陕西巡抚。后署两广总督，任内积极推行新政，与直隶总督袁世凯并称"南岑北袁"。中华民国成立后，支持"二次革命"，并被推为各省讨袁军大元帅。"二次革命"失败后，流亡南洋。护国运动中被推举为护国军都司令，并与梁启超等在广东肇庆成立军务院，任副抚军长，代行抚军长职。护法运动中，与孙中山、陆荣廷等同任广东护法军政府总裁，主导南北议和。1920 年粤桂战争后，与陆荣廷等通电解散军政府，辞职隐居上海。

文，并无自发主意者。行严①云观云往彼，恐不相宜。行严仍欲发行《甲寅》杂志，欲请观云担任，未知其意可否。家中用度，想不缺乏。书款仍宜注意鞭策。此问起居万福。

炳麟鞠躬

初五日

肇庆山水雄秀，在此数日，游览颇快，故身体亦好。又白。

【解说】此信作于1916年9月5日。袁世凯复辟后，南方各省宣布独立，各自成立护国军反袁，两广护国军在肇庆成立了护国军都司令部，岑春煊为都司令。5月，云南、贵州、广东、广西护国军在广东肇庆成立军务院，以岑春煊为副抚军长，梁启超为政务委员长，陆荣廷、蔡锷、李烈钧、龙济光、刘显世等为抚军。袁世凯死后，各省取消独立，军务院也宣布撤销，黎元洪重新任命各省督抚，恢复《临时约法》，形式上恢复了全国统一，但实际上则进入了军阀割据局面。而且，在中央，黎元洪有职无权，段祺瑞等袁世凯旧部把持权力。与此同时，徐世昌、冯国璋、张勋等先后主持召集各省军阀代表召开徐州会议、彰德会议，或谋复辟，或谋形成独立势力。在章太炎看来，民国有名无实，甚至可能再次退回帝制，因此寻求解决办法。之前岑春煊曾致电章太炎，表示希望相见晤谈。而章太炎也曾希望岑春煊不要取消军务院，继续北伐消灭袁世凯余党，因此，8月下旬，章太炎南下肇庆拜访岑春煊。而到达广东后，岑春煊已引退，南方军阀各图私利，互相攻击，章太炎见事无可为，随即决定出游南洋。

章太炎回到上海与夫人团聚还不到两个月，就又孤身离家，对此，汤国梨颇怀幽怨，选录其此时所作三首诗如下：

《望月忆远》极目征鸿影，苍茫忆远游。梦逝孤馆夜，雨冷半床秋。扶病

① 行严，即章士钊（1881—1973），字行严，笔名黄中黄、青桐、秋桐，湖南善化人。清末任上海《苏报》主笔，主张革命。中华民国成立后，反对当时各种政党，反对各种专制，参与"二次革命""护国运动"，任肇庆军务院，并兼两广都督司令部秘书长。袁世凯死后，赴京任国会议员，为北京大学教授，并荐李大钊、杨昌济到北大任教，又荐李大钊继任北大图书馆长。新文化运动中，继续发行《甲寅》周刊，反对新文学，反对欧化。赴法勤工俭学运动中，毛泽东、蔡和森持杨昌济手书见章士钊，求予资助，章当即以二万元巨款相赠，后同情共产党，多有帮助。1949年后，任中华人民共和国政务院政治法律委员会委员，并被推选为政治协商会议第一届全国委员会委员和第二、三届全国委员会常委。在各项运动中，长期得到毛泽东保护。

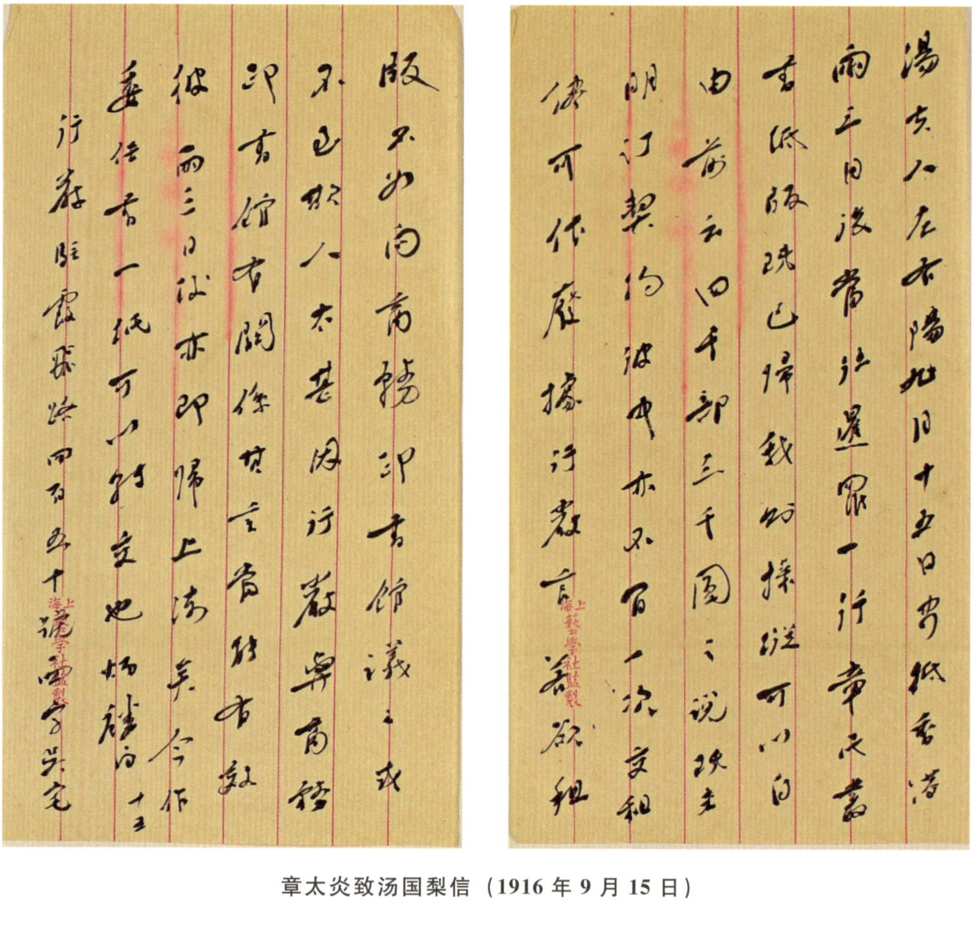

章太炎致汤国梨信（1916 年 9 月 15 日）

搴珠箔，含情倚画楼。欲随凉月影，分照到南州。

《中秋有怀》如此团圞月，年年只独看。怎教辛苦意，并作客中欢。

《寄外子南洋》问君何所为，飘然走远方。若为百世名，斐然有文章。若为千金利，妻子安糟糠。南方瘴疠地，奚了滞行藏。出嫁为君妇，辗转怯空房。阳春骄白日，枉自惜流光。朱颜艳明镜，顾影只自伤。独坐不成欢，一日如岁长。

八十五

汤夫人左右：

阳九月十五日安抵香港，两三日后当往暹罗一行。《章氏丛书》纸版既已归我，则操纵可以自由。前云四千部三千圆之说，既未明订契约，彼中亦不肯一次交租，尽可作废。据行严言，若欲租版，不如向商务印书馆议之，或不至欺人太甚。因行严与商务印书馆有关系，其言当能有效。彼两三日后亦即归上海矣。今作委任书一纸，可以转交也。

炳麟白
十五

行严驻①霞飞路四百五十号西字吴宅。

【解说】此信作于1916年9月15日。《章氏丛书》，此时已与右文社解约。据《张元济日记》，前严庸曾向其询问该书可否由商务印书馆出版。8月25日，汤国梨曾拜访张元济，商谈具体条件：一方面，于定约之日支付3 000部报酬，每部1元；另需支付康心如1 200元纸版费用。若加印，则报酬当略有增加。张元济答应与同人商议后回复。而其日记中此事未见下文。

八十六

汤夫人左右：

到肇后已发一书，及出港又发一书。今日吉宾到港，接得手书，乃知二

---

① 驻：居留其地。

信皆未接到。仆三日后即可往新加坡。两月之期，或有蹉跎，然亦不过逗留两三礼拜耳。读君诗什①，凄怆②动人。然今总宜调养躯体为要。《章氏丛书》前此与心如交涉，虽有四千部之说，而彼不肯一时交款，此说自当作罢，心如何能妄行干涉？君宜慎守纸版而已。行严云不如租与商务印书馆，盖行严与商务相识，交涉当有便利。此事恐君一人力有不及，故今以委托书与行严，由君亲交与彼可也。

炳麟白
十八

再，著作权须报部立案，此事亦可委托行严。

【解说】此信作于 1916 年 9 月 18 日。9 月 29 日，章太炎由香港抵达新加坡。10 月 7 日，赴槟榔屿。10 月 16 日，抵吉隆坡。11 月，自南洋归。在此期间，汤国梨已怀孕，10 月 6 日龚宝铨致信章太炎，称汤夫人生病，并需卧床，以免小产。章太炎大概收到此信之后决定尽早返沪。

八十七

汤夫人左右：

十三日抵粤，已发一电，想已接到。近住黄埔公园，中山与海军亦至，六省联合本早可成，因粤督欲推干卿③为主，三电云南，皆不见复。彼辈不知唐④、陆同功，莫肯相下⑤，而欲以一人专主，宜其寡助也。中山到后或可将此解，近正在筹画中也。炎暑，安神自摄为要。

炳麟白
二十一日（一九一七年七月）

---

① 诗什：《诗经》的《雅》《颂》部分多以十篇编为一组，名之为什。后因以泛指诗篇、诗作。
② 凄怆（chuàng）：凄凉悲伤。出自《楚辞·九辩》："中憯恻之凄怆兮，长太息而增欷。"
③ 干卿：即陆荣廷，字干卿。
④ 唐：指唐继尧（1883—1927），又名荣昌，字蓂赓，云南会泽县城关人。早年官费留学日本，就读日本陆军士官学校，加入同盟会。辛亥革命期间，参与并领导上海吴淞起义。1913 年秋，继蔡锷出任云南都督，不久又兼云南民政长，主政云南 14 年，直至去世。护国战争中，与蔡锷联合宣布云南独立，自任中华民国护国军总司令。护法运动中被推为护法军总裁之一，并任滇川黔鄂豫陕湘闽八省靖国联军总司令。
⑤ 莫肯相下：互不相让，不肯屈居对方之下。

满亥八日本　廿日十三日到军芦发一电

没又连收两函此日协和未到达

尺言云信手接到此间尚未详见一

一面托信被检查之故故今特由口

不郵局送去根不即偿佳居州

城外兵陈实業团员颇爱如家中想

亦安手□即闷起居

炳麟白　八月六日

章太炎致汤国梨信（1917 年 8 月 6 日）

别致精卫①一书，请少黄②带去。

【解说】此信作于 1917 年 7 月 21 日。1917 年，因是否对德宣战问题，北京爆发"府院之争"，即大总统黎元洪与国务总理段祺瑞之争，随后张勋进京，借调停为名而拥溥仪复辟，南方各省多有宣布独立者。7 月，章太炎随孙中山南下广东，希望"切实结合西南各省，扫除妖孽，新组一真正共和国家"。

八十八

汤夫人左右：

前月十三日到粤，曾发一电，后又连致两函。昨日协和③来，转达君言，云信未接到。此间亦未得君一函，想信被检查之故。故今特由日本邮局送去，想可收到。仆住广州城外长堤实业团，身体尚好。家中想亦平安。手此，即问起居。

炳麟白
八月六日

【解说】此信作于 1917 年 8 月 6 日。得知前信夫人未曾收到，章太炎又通过日本邮局寄信报平安。

八十九

汤夫人左右：

接阴历七月六日书，具悉。今日军政府案已通过，着手举大元帅，大约

---

① 精卫：即汪精卫。
② 少黄：即平刚（1878—1951），字少璜，贵州贵阳人。1905 年，赴日本学习法律，加入同盟会。中华民国临时政府成立，就任众议院秘书长。袁世凯篡权后，流寓上海。护法运动中，孙中山在广州设大元帅府，任大元帅府秘书。1923 年，以父母衰老，妻子多病，离开广州，回到贵州。
③ 协和：即李烈钧（1882—1946），原名烈训，字协和，号侠黄，江西武宁人。1905 年赴日本学习军事，加入同盟会，1910 年毕业回国，在新军中任职，从事反清活动。1911 年武昌起义后，任安徽都督。中华民国成立后任江西都督。发起"二次革命"，任讨袁军总司令。1917 年后任孙中山两次在广州所组政府的总参谋长。1927 年初被任命为江西省政府主席。"九一八事变"后，主张尊重言论自由，改良政治，一致抗日。1946 年在重庆病逝，周恩来、董必武亲往吊唁。

中山必可当选。但出军计画，仍未确定。粤人见识颇狭，此为虑耳。仆近日身体如常，日餐肉桂。前此张白田所赠。安南肉桂，此为上品，一两至七八十圆。此间所用，则六七圆一两。家中安否？衣服宜常晒晾。阿导①闻已能走。阴历八、九月间，宜为种牛痘也。此问起居万福。

炳麟白
九月一号

【解说】此信作于1917年9月1日。当天，非常国会选举孙中山为海陆军大元帅，陆荣廷和唐继尧为元帅。10日，孙中山宣誓就职。同日，非常国会通过了军政府各部总长名单，外交：伍廷芳，财政：唐绍仪，陆军：张开儒，海军：程璧光，内政：孙洪伊，交通：胡汉民，军政府参谋总长：李烈钧，大元帅府秘书长：章太炎。但军政府内部派系斗争严重，尤其是广东人想要借助孙中山之名实行"广东主义"，对此，章太炎颇为失望，不久即赴云南，谋求唐继尧等的支持。

是年4月，章太炎长子章导出生，其名字取自推动东晋中兴的名臣王导。

九十

汤夫人左右：

前日又上一函，想已收到。长庚来言，家中只有一百余圆，须汇款接济。此恐一时不审②之言。前此去家之时，曾交三千九百圆纸票，其二千圆系去年向少川借得者，不妨暂存银行。其一千九百圆，乃今年黎、孙所赠，尽可支用，不必过于保守也。此问起居。不具。

炳麟白
九月三日

【解说】此信作于1917年9月3日。黎元洪、孙中山、唐绍仪对章太炎

---

① 阿导：即章太炎长子章导，1917年4月生。名字取自东晋王导。
② 不审：不慎重。

皆有接济，所以章太炎嘱咐夫人不必过于节省。

九十一

晚年章太炎

汤夫人左右：

廿七日到滇，曾发一电。句留①数日，亦当小作敖游②。滇池之胜，殊不称意，唯黑龙潭有唐梅宋柏耳。唐帅已受印，刻将出发。川、滇正在调和，大约必有好结果也。此问起居万福。

炳麟白

民国六年十月九日

【解说】此信作于 1917 年 10 月 9 日。章太炎借道越南于 9 月 27 日抵达昆明。唐继尧接军政府元帅印，决心北伐。

九十二

汤夫人左右：

得九月十日并二十日手书，具悉导病。延筱崎医治，当已勿药③。家中诸事，想皆妥适。仆近稍有胃病，以牛乳、鸡汁为常餐。大军即当出发，川中已获胜，仆亦偕军司令部入川矣。此问起居万福。

炳麟鞠躬

中华民国六年十月三十日

【解说】此信作于 1917 年 10 月 30 日。章太炎在南方各省奔波，跋山涉

---

① 句留：逗留，停留。
② 敖游：即"遨游"。
③ 勿药：指病愈。

水，不远万里，而与家中通信不绝。在粤、在滇、在渝，通信虽不那么容易，但总是能收发顺利，自己与家中情形可以彼此了解，不致过于担忧。

九十三

汤夫人左右：

十一月四号发云南，连行十栈，一路皆童山①赤土。过可渡②，抵贵州境，山始有青色，而盛宁州甚有扬子江一带气象，过此则转近四川，与家乡风味渐近矣。途中虽稍劳悴，而因山行轿动，胃病遂愈，堪以告慰。长沙傅良佐③虽逃，实北军自相攻击，祸犹未已。滇军在川东一带，转战速捷，十七日拔合江，北军已在瓮中。再出则永川、江津易于得手，而重庆可取矣。蔡济民④、谭石屏⑤皆吾好友。济民（字幼襄）前求唐帅接济银圆，已嘱参谋处汇三千圆，未知到否？蔡近住宝康里，无事亦可请谈诸事，不必为他人道也。导儿并好。

炳麟白

十九

【解说】此信作于 1917 年 11 月 19 日。千里奔波，行路辛苦，而章太炎

---

① 童山：不生草木的山。《释名》："山无草木亦曰童。"

② 可渡：位于云南省宣威市杨柳乡，古道横跨北盘江，宽约 2 米，呈 "之" 字形沿河岸盘旋而上。自古便是中原入滇的咽喉，号称 "秦道明关，滇黔锁钥"。

③ 傅良佐（1873—1924），字清节，湖南省乾州厅（今吉首市）人。早年考入北洋武备学堂，以北洋官费生派赴日本留学，与蔡锷、蒋方震等同学。毕业归国后，供职北洋近畿军队，为段祺瑞所宠信，段祺瑞手下 "四大金刚" 之一（其他三人为靳云鹏、徐树铮、吴光新）。1917 年，为湖南督军，11 月，军败退出湖南。后转任边防督办公署参谋长。直皖战争中皖派失败后引退，在天津闲居。

④ 蔡济民（1886—1919），原名国桢，字香圃、幼襄，湖北黄陂人。清末入湖北新军，加入中国同盟会湖北分会，任参议部长，参与武昌起义。章太炎比之为 "后汉二十八将传"。中华民国成立后，不受袁世凯所招。1917 年被孙中山任命为护法军政府鄂军总司令。1919 年 1 月 28 日在利川被川军方化南杀害。

⑤ 谭石屏，即谭人凤（1860—1920），字石屏，号符善，晚年自号雪髯，人称谭胡子，湖南新化县人。少时加入洪门会党，1906 年赴日参加同盟会，回国后策划多次起义，与宋教仁发起建立同盟会中部总部，任总务部长。武昌起义爆发，至汉协助鄂军政府工作，指挥武昌防卫战。1913 年宋教仁被刺后，回湘策动讨袁，失败后东渡日本。1916 年回国参加护国、护法运动。1920 年病逝于上海。著有《石叟牌词》等。章太炎作《前长江巡阅使谭君墓志铭》，称赞他："若夫见利思义，见危授命，久不忘平生之言者，唯君一人而已矣。"

心态尚比较愉悦，对于当前的军事行动也充满信心。又，唐继尧对章太炎也十分尊重，所以也有接济。

九十四

汤夫人左右：

　　阳一月十日抵重庆，在途行二千二百里，皆系旱道，轿行一月始达。一至重庆，则天地开廓，迥与云、贵殊形矣。到后已发一电，未知收到否？本拟在家祝寿，而到重庆后一日即是生辰，军政商学各界同时祝嘏①，实应接不暇也。目下成都之势，已成穷蹙②，指日可取。余意欲亟下荆襄。因宜昌尚有北兵，未能造次。大约二十日后，必可破矣。家中用费，日前由唐督汇银三千，系由云南省城汇去。此款到沪，或需二三十日之久。然去今十日后，亦当到也。重庆山川明秀，街市繁盛，除上海、汉口外，实无其匹。而房价便宜，较上海不过三分之一。出入需轿，用长班六名，只十八圆。生活程度较杭州尤低，而繁华反过之。一月用费，不过百圆内外。钱铺利息至一分六厘，但③有两万圆，其利息足可支持两年。若上海，则非有六万圆，决不能

章太炎纪念馆扶雅堂

---

① 祝嘏（gǔ）：本称贺天子寿，后泛指贺寿。
② 穷蹙（cù）：窘迫，困厄。
③ 但：只要，表示假设或条件。

支持一年也。闻成都城市更大，物价更贱。余意东南断非安稳地方，将来与君移家来蜀，亦有意否？且俟月后回沪，再作计画也。由重庆下宜昌三日，由宜昌下汉口三日，由汉口下上海三日，共九日。上海至重庆系上水①，约须两星期。今年天气寒暖何如？煤炭少用，橄榄、芦菔多吃，是为养生之道。太夫人想亦在沪。阿导近无他恙否？此问起居万福。

炳麟鞠躬

阳一月十四日

【解说】此信作于 1918 年 1 月 14 日。1 月 12 日为章太炎五十岁生日，重庆军政绅商学各界举行盛大的祝寿暨欢迎仪式。会上章太炎发表演说，明确以争取南方权利、反对北京非法政府、武力北上激励大家。

到达重庆之后，章太炎对这座城市非常满意，以为城市繁华，风景秀丽，而生活成本较低，颇有意迁居重庆，因此在信中与夫人商量。后来形势有变，此议自然作罢。

九十五

汤夫人左右：

一月十号抵重庆，即发一电，次又发一信，已否接收？滇府汇款已否收到？以后须常通信为盼。现吴光新②兵尚在宜昌、汉口，上游亦有北军大队，故一时未能东下。然克捷③自有期也。转眼即春，少烧煤炭，多吃芦菔、橄榄为宜。

炳麟鞠躬

一月二十二日

【解说】此信作于 1918 年 1 月 22 日。抵达重庆之后，西南各省对北方的

---

① 指从上海到重庆为逆长江之流而上。

② 吴光新（1875—1939），安徽合肥人，段祺瑞妻弟。毕业于日本陆军士官学校。为皖系著名将领，1924 年 11 月任陆军总长、训练总监。后闲居上海。

③ 克捷：克敌制胜。

军事行动取得了比较大的成功，在章太炎，则希望迅速攻取武汉，此为南北交兵重要的关节点。而由于内部矛盾，这一目标并未能实现。

九十六

汤夫人左右：

前月廿二日曾寄一书，想已收到。仆至重庆已二十余日，此地书札易通，而家书不至，或懒于作字，或中途阻隔耶？川事将解，岳州亦破，唯中间宜昌、荆州一带，敌兵尚盛。天寒水涸，轮船亦不能行，故一时未能东下也。滇府所汇银圆，想已收到。冬春之间，火须少近，芦菔、橄榄宜常服，以免时疫。行严旨趣①，与吾不同，少与相见为是。未生如来沪，劝其少见杂宾。谭石屏想尚在上海，此人可常来往也。导好否？此问起居万福。

炳麟鞠躬
阳二月二日

【解说】 此信作于 1918 年 2 月 2 日。岑春煊至上海后，对南北战争进行秘密调和，引起章太炎之不满。章士钊则辅助岑春煊，后来还曾担任议和的南方代表，此即章太炎在信中所说的"行严旨趣，与吾不同"，所以此时章太炎告诫夫人少与其往来。

九十七

汤夫人左右：

时序迁流，又过民国七年正月矣。蜀中天暖，此时已可不用裘服矣，所谓"五九穷汉舞"②也。思家之念，无日忘之。想君在沪，亦甚思我。水涸船阻，中途未靖，如何如何！前寄三函，约每十日一寄，未知收到几件？重庆至沪，邮政不过半月，何以久无覆音也？春气渐动，炭火少近。诸惟珍重，

---

① 旨趣：宗旨，大意。汉荀悦《汉纪·成帝纪二》："孔子既殁，后世诸子各着篇章，欲崇广道艺，成一家之说，旨趣不同，故分为九家。"

② 五九穷汉舞：清苏州顾禄《清嘉录》中有"数九歌"，曰"五九四十五，街头穷汉舞"。指天气转暖。

并问导好。

炳麟鞠躬

阴历正月三日，阳历二月十三日

【解说】此信作于 1918 年 2 月 13 日。此后章太炎又由四川经湖北，入湖南，为推动西南地区参与护法运动而努力，并多次做公开演讲。后南方各省互相攻击，北方国会选举徐世昌为大总统，章太炎见事无可为，遂启程回沪，至 10 月 11 日返回上海家中。

章太炎奔波在外，对妻、子则时刻惦念，无日不在思念家人，十天一封信，写得也相当频繁。

九十八

汤夫人左右：

自初二日乘轮西上，初五到汉，淹留①两日，初八到湘，初九即举行考试，至十六晚出榜。目下拟过双十节赴汉，彼处恐尚有一星期之淹留也。家中大小，想俱安适。今日忽接馥□来信，谓新买上海银行股票，又嘱其卖出，不知何意。想此种股票，亦勉强可以获利，似不须急于出售，致损赢利。如买地皮之类，后利虽丰，而目前无息可得，恐于家用不敷。今年如再有赢余，或不妨办此耳。此问起居佳胜。

炳麟白

八月十九日，阳十月六日

【解说】此信作于 1925 年 10 月 6 日。是年 9 月 18 日，章太炎应湖南省长赵恒惕之邀请，赴长沙主持湖南省县长考试。当时章太炎主张"联省自治"，即由各省先制定宪法，实行自治，并召开联省会议，成立联省自治政府。他希望由此打破中央之集权政府。湖南是推行"联省自治"最有力的省份。对于实行"自治"，赵恒惕为"澄清吏治，昌明内政"，创县长考试，特邀请章

---

① 淹留：羁留，逗留。《楚辞·离骚》："时缤纷其变易兮，又何可以淹留？"

太炎主持。至 10 月 27 日，章太炎由汉口返回上海。

九十九

汤夫人左右：

　　天时溽暑，已换夏衣。草地铺好者半，宅后围墙亦将砌好。吾服二冬膏①后，痰转难出，想补肺太过，顷已停服，唯服枇杷蜜耳。慢性气管支炎，暑日当不发，而今宛尔②如昔，何也？今遣有容回家搬物，卓倚③、衣匮④总不厌多，沙发罩簟⑤亦不可少。夏日坐光沙发如盖绵被，可厌之甚。导果往南京交军事教育否？汇款一千九百圆昨已取到，勿念。此问起居康胜。

麟白

六月廿七日

章太炎苏州故居

章太炎在苏州

---

　　① 　二冬膏：中药名。为补阴剂，具有养阴润肺功效。用于阴肺不足引起的燥咳痰少、痰中带血、鼻干咽痛。

　　② 　宛尔：明显貌，真切貌。

　　③ 　卓倚：即桌椅。

　　④ 　匮（guì）：通"柜"。

　　⑤ 　簟（diàn）：竹席。

【解说】此信作于 1934 年 6 月 27 日。是年，章太炎决定从上海迁居苏州。以前多以为 1934 年秋章太炎迁居苏州，先在侍其巷，后来迁到锦帆路 50 号。实际上，是年 5、6 月间，章太炎已先搬到锦帆路，其后汤夫人再一点点将家从上海正式搬到苏州。此信即讲述了迁居安排。此后一直到去世，章太炎都居住在苏州锦帆路。

又，信中还提到，是年章太炎的慢性支气管炎有加重的趋势，肺部总有痰，这或许是其所患鼻痈的早期症状。

与三女儿章㛚

一

㛚览：

昨得手书，知汝已移居上海，现在汝母归家，一人孤寂，当博览书史，以自解闷，不宜懒散，坐消时日也。汤宅奠分，今寄十圆，以汝母远在乌镇，邮局汇钱不便，故以函寄汝处。接到可转寄乌镇也。汝近日与何人作伴？起居饮食多宜留意，用钱亦宜撙节①。常日读书之外，宜常服橄榄、藿蕨等物，以防时病。我近身体尚佳，勿念。此问近好。

二月十六日书

【解说】此信作于 1916 年 2 月 16 日。1915 年 11 月 2 日，章㛚随同姐夫龚宝铨离开北京，大概先回杭州，在章太炎的催促下又至上海，与继母同住。2 月 6 日，汤国梨因母亲去世，返回乌镇奔丧，留章㛚一人在沪，章㛚即致信父亲报信。章太炎回信嘱咐女儿孤身在上海，如何安然度过。

二

㛚儿览：

久不得汝手书，但知近日颇肯读书，吾心为慰。所需史书，廿四史须百

---

① 撙（zūn）节：《礼记·曲礼上》："是以君子恭敬、撙节、退让以明礼。"清代孙希旦《礼记集解》："有所抑而不敢肆谓之撙，有所制而不敢过谓之节。"指有节制。

余圆方可置备，一时亦难穷览。石印《资治通鉴》不过七八圆可买，实即全史之节本耳，览之亦易也。吾向日教钟稚琚①，只令其览《资治通鉴》，不令其览二十四史，盖以人生日力②有限故也。果熟读《资治通鉴》，在今日即可称第一等学人，何必泛览也。闻汝近亦知节用，甚好，终须竭力务学，以为后图。汝姊之死，固由穷困，假令稍有学业，则身作教习，夫可自谋生计，何至抑郁而死也！此事须常识③之。此问近好。

四月二十日
近当写一手书来。

【解说】此信作于1916年4月20日。在信中，章太炎教导女儿要读《资治通鉴》，借以了解中国历史的大概。同时，也教育女儿要一心向学，作为日后谋生的基础。在信中，章太炎还慨叹长女的自杀，也是因为没能靠读书自谋生计，导致穷困而终。

三

㴖览：

得信知欠书费、化学费三圆九角，即寄去，可即将债清偿矣。今年无须反④杭，因火车脚价非常增贵，虚费无益，在家度岁可也。好在明春二月伯母生日，彼时必当往仓⑤，与弟妹相见亦不远耳。此问起居康胜。

父字
阳一月廿四号

---

① 钟正楙（1886—1963），字稚琚，重庆永川人。章太炎弟子。1905年留学日本，加入中国同盟会，武昌起义爆发后，同章太炎一道归国。1912—1927年，历任四川高等师范学校（成都）校长、省立第四师范学校（万县）校长、武昌高等师范学校国文史地部主任、四川省教育厅第一科科长、荣昌县知事兼渠县县志总纂。1928—1943年，任华西大学国文研究所（中文系）教授。1944—1946年，在南充任建华中学和省中教员。1947年起任四川省立教育学院、国立女师学院中文系教授，1950年任西南师范学院汉语言文学系教授。
② 日力：光阴，时间。
③ 识（zhì）：记住。
④ 反：通"返"。
⑤ 仓：即余杭仓前，章太炎家族所在地。

【解说】此信大概作于 1918 年 1 月 24 日。对女儿上学中的费用这些细节，章太炎得知消息后就迅速处理，对女儿也是十分关心的。

章太炎故居大门（浙江余杭仓前）

与长子章导

导儿览：

　　初五日到汉口，次日在武昌下宿，初七夜乘车赴长沙，八日下午到，九日开考。身体尚好。此间天气较热，悔不着夏布衣服。家中大小想俱平安。读书能有进步否？此问近好。

父字

八月初九日

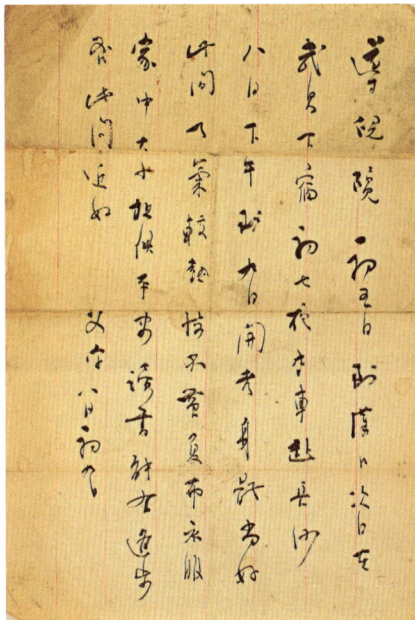

章太炎写给儿子章导的信

　　【解说】此信作于1925年9月26日，即章太炎赴长沙主持湖南省县长考试之时。此时章导8岁。

与长女婿龚宝铨

一

未生长倩左右：

相隔岁余，未通一札。人事变幻，如何可言。仆遭围守者五月，幽居又五月矣。不欲以五羖鬻身①，遭值穷匮②，遂将槁饿，亦所愿耳！来月初旬，盖仆殒身之日也。乌呼！古之达士③，吾谁敢拟？刚狷之性④，往往似刘青田⑤，亦不知其墓安在？愿为求得遗茔，借一抔⑥而托处焉。附书一纸。西湖虽有廷益⑦、玄著⑧、伯荪⑨、焕卿⑩祠墓，而仆性不喜杭地。观其人士，情钟

① 五羖（gǔ）鬻（yù）身：羖，公羊；鬻，售，卖。指春秋时秦国大夫百里奚事。《孟子·万章上》："百里奚自鬻于秦养牲者五羊之皮，食牛以要秦穆公。"
② 穷匮：匮乏，贫穷。《庄子·渔父》："礼乐不节，财用穷匮。"
③ 达士：见识高超、不同于流俗的人。《吕氏春秋·知分》："达士者，达乎死生之分。"《后汉书·仲长统传》："至人能变，达士拔俗。"
④ 刚狷（xìng）：亦作"刚悻"。犹刚愎，倔强固执。
⑤ 刘青田：即辅佐朱元璋建立明朝的刘基（1311—1375），字伯温，处州青田县（今属浙江温州）人，故称刘青田。《明史》称其"性刚嫉恶"。
⑥ 抔（póu）：指一捧土。
⑦ 廷益：指明代名臣于谦（1398—1457），字廷益，号节庵，浙江杭州府钱塘县（今杭州市上城区）人。土木之变后，明英宗兵败被俘，他力排南迁之议，坚请固守，升任兵部尚书。明代宗即位，整饬兵备，部署要害，亲自督战，抵御瓦剌大军。《明史》称赞其"忠心义烈，与日月争光"。他与岳飞、张煌言并称"西湖三杰"。
⑧ 玄著：指张煌言（1620—1664），字玄著，号苍水，浙江鄞县（今宁波市鄞州区）人。明亡以后，坚持抗清斗争近二十年，后于杭州遇害。墓位于西湖南岸、南屏山北麓荔枝峰下。章太炎曾有遗愿，希望葬在张苍水墓侧，今章太炎墓即与其毗邻。
⑨ 伯荪：指徐锡麟（1873—1907），字伯荪，号光汉子，浙江绍兴府山阴人。1904年在上海加入光复会，后成为光复会的主要领导人之一。1905年在绍兴创立体育会，后又创立大通学堂，规定入校学生均为光复会会员，参加兵操训练。1907年7月6日，徐锡麟在安庆刺杀安徽巡抚恩铭，率领学生军起义，攻占军械所，失败被捕，次日就义。死后葬于杭州孤山东南麓。
⑩ 焕卿：指陶成章（1878—1912），字焕卿，号陶耳山人，浙江绍兴人。自少立志反清，1904年，与龚宝铨等在上海组织光复会，推蔡元培为会长。1906年在日本加入中国同盟会。中华民国创立后，他力辞接任浙江都督，积极准备北伐。1912年1月14日凌晨，陶成章被陈其美指使的蒋介石、王竹卿暗杀于上海广慈医院。死后葬于杭州西泠桥畔凤林寺边。

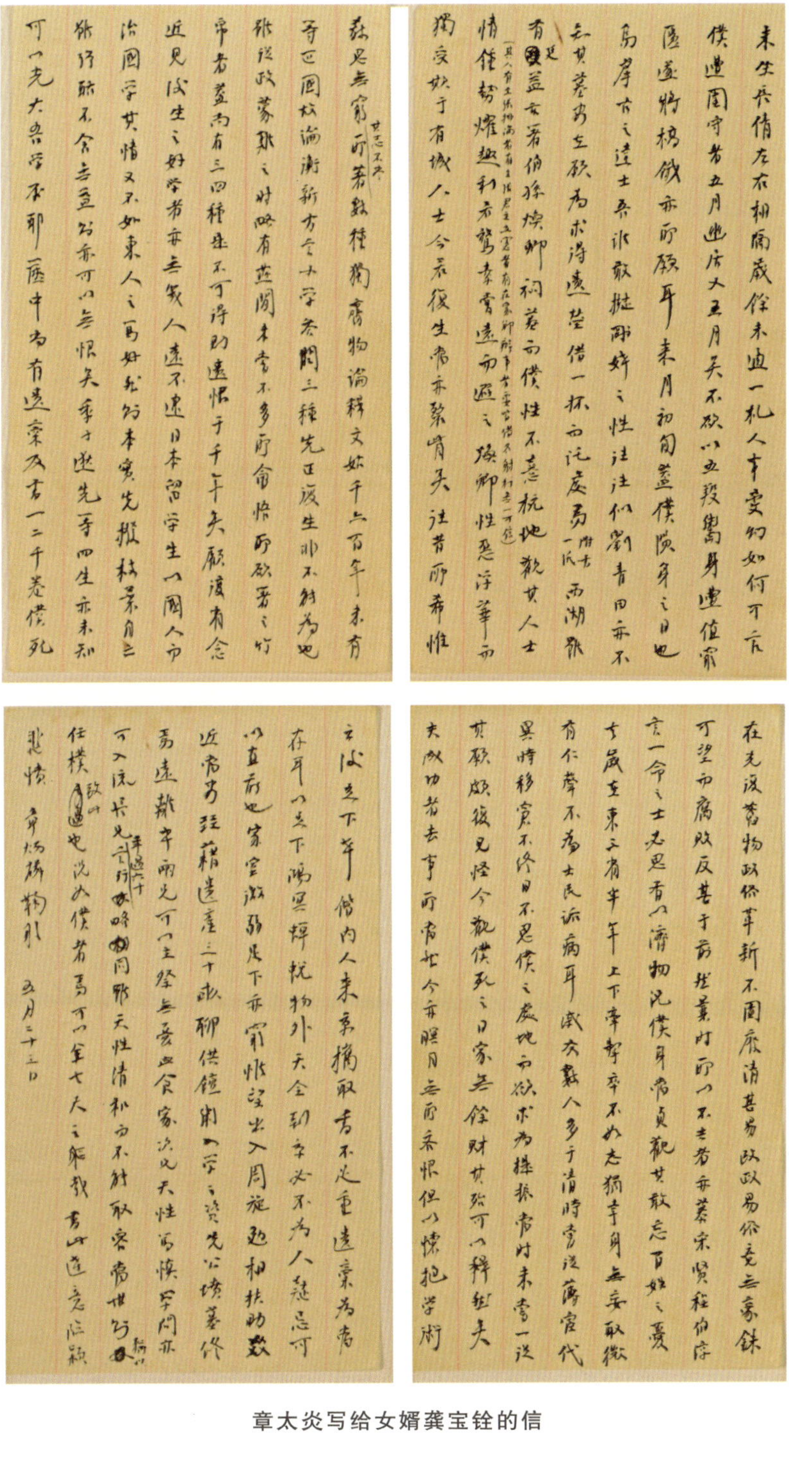

章太炎写给女婿龚宝铨的信

张苍水墓

势耀①，趣利若鹜②，其人有主张排满者，有主张君主立宪者，有在家乡办事者，要皆借名射利③，无一可信。素尝远而避之。焕卿性恶浮华，而独受欺于省城人士；今若复生，当亦裂眦矣。往昔所希，惟在光复旧物，政俗革新，不图废清甚易，改政易俗，竟无豪铢④可望，而腐败反甚于前。然曩时所以不去者，亦慕宋贤程伯淳⑤言："一命之士，必思有以济物。"况仆身当贞观⑥，其敢忘百姓之忧。去岁在东三省半年，上下牵掣，卒不如志，犹幸身无妄取，微有仁声，不为士民诉病耳。戚友数人，多于清时尝从薄宦，代异时移，窘不终日，不思仆之处地，而欲求为提振，当时未尝一从其愿，颇复见怪。今观仆死之日，家无余财，其殆可以释然矣。夫成功者去，事所当然，今亦瞑目，无所吝

---

① 情钟势耀：势耀，犹势望，指有势力有地位的人。此指杭州人趋炎附势。

② 趣利若鹜：趣，通"趋"。此指像野鸭子成群跑那样追逐利益。

③ 射利：谋取利益。

④ 豪铢：豪，通"毫"。毫、铢均是微小的重量单位。指极轻微的分量。

⑤ 程伯淳：指宋代大儒程颢（1032—1085），字伯淳，号明道，世称"明道先生"。河南府洛阳（今河南洛阳）人。与其弟程颐，世称"二程"，同为北宋理学的奠基者。

⑥ 贞观：指澄清天下、恢宏正道的职责。本出《周易·系辞下》："天地之道，贞观者也。"谓以正道示人。

恨①；但以怀抱学术，教思无穷，其志不尽。所著数种，独《齐物论释》《文始》，千六百年未有等匹。《国故论衡》《新方言》《小学答问》三种，先正复生，非不能为也。虽从政蒙难之时，略有燕闲②，未尝不多所会悟③，所欲著之竹帛者，盖尚有三四种，是不可得，则遗恨于千年矣！顾复省念，近见后生之好学者，亦无几人，远不逮④日本留学生。以国人而治国学，其情又不如东人之笃好，然则本实先拔⑤，枝叶自亡，虽强聒不舍⑥无益，亦可以无恨矣。季子⑦、逖先等四生，亦未知可以光大吾学否耶？

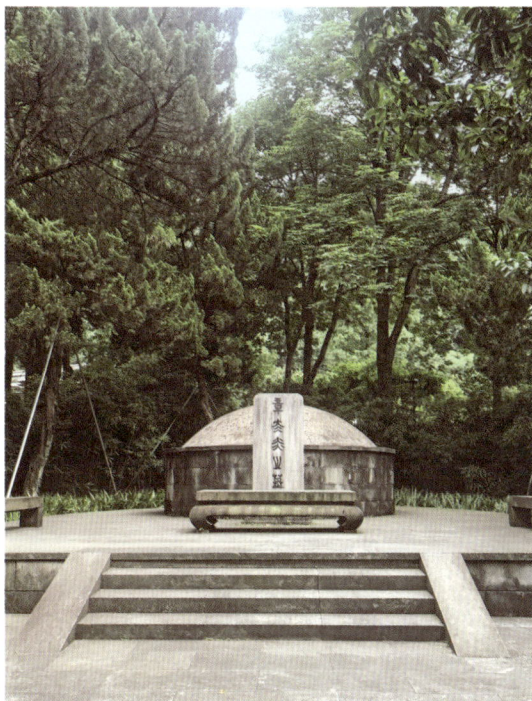

章太炎墓

篋中尚有遗稿及书一二千卷，仆死之后，足下幸偕内人来京携取。书不足重，遗稿为当存耳。以足下鸿冥蝉蜕，物外天全⑧，到京必不为人疑忌，可以直前也。家室微弱，足下亦穷，惟望出入周旋，勉强扶助。炎近当安，珏藉遗产三

---

① 吝恨：遗憾。

② 燕闲：闲暇。

③ 会悟：领会，领悟。

④ 逮：到，及。

⑤ 本实先拔：指树的根被拔出。出自《诗经·大雅·荡》："人亦有言：颠沛之揭，枝叶未有害，本实先拔。"

⑥ 强聒不舍：聒，声音吵闹；舍，舍弃。形容别人不愿意听，还絮絮叨叨说个不停。出自《庄子·天下》："以此周行天下，上说下教，虽天下不取，强聒而不舍者也。"

⑦ 季子：指钱玄同（1887—1939），原名钱夏，字德潜，又号疑古、逸谷，常效古法将号缀于名字之前，称为疑古玄同，五四运动前夕改名玄同，浙江吴兴（今浙江湖州市）人。早年留学日本，师从章太炎，曾任北京大学、北京师范大学教授，"五四"时期参加新文化运动，提倡文字改革，曾倡议并参加拟制国语罗马字拼音方案。

⑧ 鸿冥蝉蜕，物外天全：鸿冥，高空；蝉蜕，蝉自幼虫变为成虫时会脱壳，此比喻洁身高蹈，不同流合污；物外，尘世之外；天全，保全天性。出自清汪中《述学自序》："孝标高蹈东阳，端居遗世，鸿冥蝉蜕，物外天全。"

十亩，聊供饘粥①入学之资。先公坟墓，终焉远离，幸两兄可以主祭，无忧血食。家次兄天性笃慎，学问亦可入流。长兄年过六十，言行略同，虽天性清和，而不能取容当世，则犹以任朴致此也；况如仆者，焉可以全七尺之躯哉！书此达意，临颖悲愤。

章炳麟鞠躬
五月二十三日

【解说】此信作于 1914 年 5 月 23 日。

二

房舍近已看定钱粮胡同，月租五十三圆，京师生活程度，较上海为三与二之比例，加以买书等费，终非四百左右不足以支一月，无书则郁。书中所云月筹五十圆者，杯水车薪，无济于事。柱中虽有资助，亦非久计，能筹集三年资斧②，不取彼中一文，最为上策。次则筹集半年资斧，亦免彼中挟制也。三年之计，当须二万，君可与柱中联名电告南洋，为之筹画。爪哇商君自知之，新加坡希路士的立老商会董事林秉祥，前岁亦由仆介绍于黎公。去岁南洋人来，知仆于南洋颇有信用，告急筹款，当能有助。半年之计，亦须三千，如抑卮③、外峰辈，似亦可以转乞。总之眷属来京，利多害少，而筹资实为要计。眷属来后，黎公亦允为助，但亦恐不能久累耳。谋定而行，乃无悔吝。得信后望至上海与蛰公、逖先商议，余人不必示知，浙中官吏虽旧同志，亦不必与谋。

【解说】此信作于 1914 年 7 月 4 日。

三

南中或欲上书陈请，请予南归，此可谓暗于事理者。近睹彼中情态，忌

---

① 饘（zhān）粥：稀饭。
② 资斧：货财器用。《周易·旅》："得其资斧。"
③ 抑卮，即蒋抑卮（1874—1940），号鸿林，谱名玉林，字一枝，以字行，浙江杭州人。1902 年秋留学日本，初进武备学堂，后改学经济，与鲁迅交好，曾资助鲁迅、周作人出版《域外小说集》。回国后创办浙江兴业银行创。曾师从章太炎学习文字音韵学，服膺《文始》。

我者不在一身，只恐南方多革命党耳，岂肯轻易纵遣耶？半年以来，钱念劬、李柱中数为展转关说，卒未有效。自出龙泉寺后，钱、李皆从旁调护，而彼中终未涣然冰释①，则以家累不在京城故也。南中诸友向未深思其理，又颇有怪念劬不能竭力者，其谬亦甚。念劬本南皮②旧僚，素非袁系，特以名誉素优，虚加礼貌；参政一席，亦等于闲散耳。其中调护，皆展转间接而为之，夫安能直接进言耶？今日廉远堂高③之势甚于清时。足下宜劝内人早定行计，一面访问君默、坚士何时携眷入京，即以同行为妙。资斧望向南洋筹集，及早为之，不至误事。若急遽不及，家中存贮银行一款，亦可支取入都。存款一年将满。总之，京师、上海分住两家，用费必逾于并住，此理所易知者也。若谓医院可以暂居，则不知容膝之地，断不能久安矣。房屋定计租赁，明知彼中必无纵行之事也，此情宜与内人言之，从早决定。

《文始》《国故论衡》《小学答问》，望各寄十许册。

【解说】此信作于 1914 年 7 月 15 日。

<h2 style="text-align:center">四</h2>

近日租得东城钱粮胡同一屋，尚觉宽裕，略加修治，今日即可迁居。此次事状，由黎副总统从中调护。黎本亦遭疑忌之人，近与当事通婚姻，疑忌颇释，故可进言。李柱中助资，钱念劬助力，而二君奔走虽勤，终不能接直进言于当事，皆由黎公处间接成之。近日需款，则由念劬筹画，实亦黎公暗为主张。可免警厅挟制矣。惟眷属未来，政府未肯筹出正名的款，盖仍带五分疑虑也。急当告知内人速与两沈夫妇同行。

书籍在哈同花园者，若不能与月霞直接往问，彼处门上亦可指示。自著

---

① 涣然冰释：像冰冻遇热似地一下子消融。多喻疑团、困难等很快消除。出自《老子》："涣兮若冰之将释。"

② 南皮，即张之洞（1837—1909），字孝达，号香涛，生于贵州兴义府，祖籍直隶南皮。晚清名臣、清代洋务派代表人物，提倡"中体西用"。咸丰二年（1852）十六岁中顺天府解元，同治二年（1863）中进士第三名探花，授翰林院编修，历任教习、侍读、侍讲、内阁学士、山西巡抚、两广总督、湖广总督、两江总督（多次署理，从未实授）、军机大臣等职，官至体仁阁大学士。

③ 廉远堂高：原喻君主的尊严，此处指接触袁世凯之困难。出自《汉书·贾谊传》："人主之尊譬如堂，群臣如陛，众庶如地。故陛九级上，廉远地，则堂高；陛亡级，廉近地，则堂卑。高者难攀，卑者易陵，理势然也。"

钱粮胡同章太炎旧居

《齐物论释》，彼处尚有存本，亦当带致四五十册。如门上不知，可函知金山宗仰，必知之。其《小学答问》《文始》，望先寄二三十册来耳。

　　近日除念劬、柱中及诸学生外，得叶德辉①一人，可与道古。叶为力攻康、梁二人，遂以顽固得名，其实知识远过壬秋②，而亦未尝与腐败官僚同气，因其素畜家财也。今岁为汤芗铭③所杀，柱中救之获全，亦仍赖"顽固党"三字。此君亦不乐久留，仆与柱中强挽之，盖外借顽固之名，以解当涂疑虑。叶感仆意，初光复时，叶亦几为唐蟒④所杀，以素与唐才常相攻也。仆曾驰书救之，故叶亦念此旧恩也。当不遽去。朋友尚然，而况同室。此意当令家人知之也。

　　【解说】此信作于 1914 年 7 月 24 日。

---

　　① 叶德辉（1864—1927），字奂彬，号直山，别号郋园，清湖南湘潭人，祖籍苏州吴县洞庭东山。光绪十八年（1892）进士，与张元济为同年。生平长于经学，尤精通目录版本，家藏图书 4 000 余部，逾 10 万卷，著有《书林清话》等。
　　② 壬秋，即王闿运（1832—1916），字壬秋，自号湘绮老人，湖南湘潭人。清咸丰举人。太平军起义时，曾入曾国藩幕。后讲学四川、湖南、江西等地，辛亥革命后任清史馆馆长。经学治《诗》《礼》《春秋》，宗法公羊。诗文在形式上主要模拟汉魏六朝，为晚清拟古派所推崇。所著除经子笺注外，有《湘军志》《湘绮楼日记》《湘绮楼诗集、文集》。并编有《八代诗选》。门人辑其著作为《湘绮楼全书》。
　　③ 汤芗铭（1883—1975），字铸新，汤化龙之弟，湖北浠水人。早年赴法留学，结识孙中山，加入兴中会。回国后长期在海军任职。武昌起义时发动海军起义。"二次革命"后，为湖南都督兼民政长，执掌湖南军政大权，杀人众多，人称"汤屠夫"。
　　④ 唐蟒（1886—1968），湖南浏阳人，为清末自立军首领唐才常之子。辛亥革命后，历任汉阳炮兵指挥官、湖南都督府参谋长及陆军第一混成旅旅长。

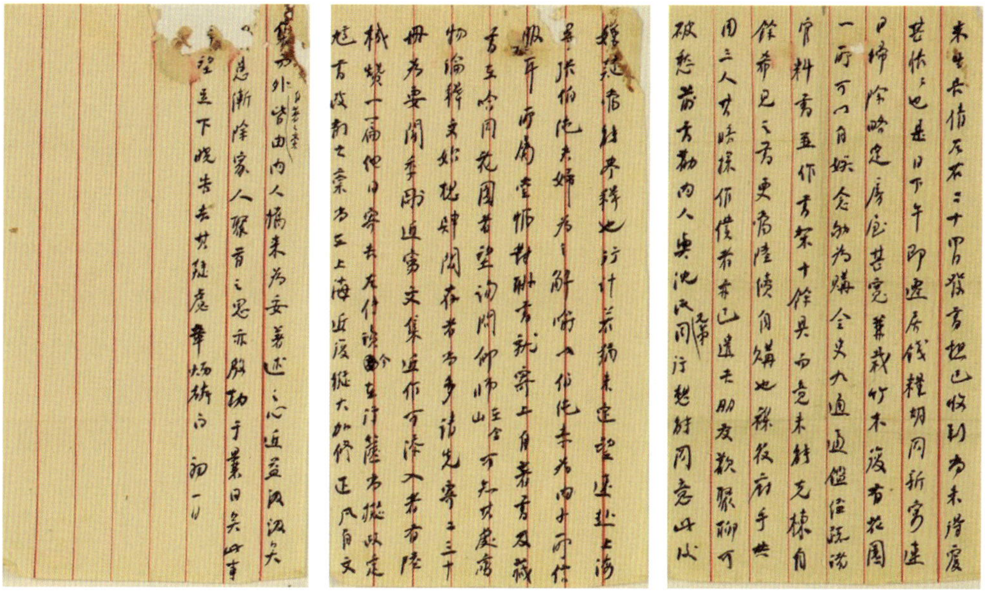

章太炎致龚宝铨信（1914 年 8 月 1 日）

五

未生长倩左右：

二十四日发书，想已收到，尚未得覆，甚怅怅也。是日下午即迁居钱粮胡同新寓，连日扫除略定，房屋甚宽，兼栽竹木，复有花园一所，可以自娱。念刨购全史、九通、《通鉴》、经疏诸官料书，并作书架十余具，而竟未能充栋。自余希见之书，更当陆续自购也。杂役、厨手共用三人，其暗探作仆者亦已遣去。朋友欢聚，聊可破愁。前书劝内人与沈氏兄弟同行，想能同意。此后嫌疑当能尽释也。行计若犹未定，望速赴上海，得张伯纯夫妇为之解喻，以伯纯素为内子所信服耳。所属堂幅、对联书就寄上，自著书及藏书在哈同花园者，望询问仰师，在上海。可知其处。《齐物论释》《文始》想肆间存者尚多，请先寄二三十册为要。闻季刚近写文集，近作可添入者，有《陆机赞》一篇，他日寄去。《左传读》在行箧，尚拟改定。《訄书》改削之稿尚在上海，近复拟大加修正。凡自文集而外，自著之稿皆由内人携来为妥。著述之心，近益汲汲矣。□患渐除，家人聚首之思亦殷勤于曩日矣。此事□望足下晓告，去其疑虑。

章炳麟白
初一日

【解说】 此信作于 1914 年 8 月 1 日。

六

冬月裘衣，皆在家中箱笥，北地寒凛，仆素恶火炉，非狐貂不足御寒，此亦急当携上者。书籍尚有数件，逊先来时失带。如《大观本草》《问经堂丛书》《瑜伽师地论》及自著《訄书》改削稿本，并宜带上，余则花瓶瓷玉数事耳。

足下虽病，此事宜勉强一行，伯纯夫妇必宜请到。以此为言，似亦不能异议。况逊先携去三百圆，皆彼中资助旅费之款，不作一行，亦何能明取与之分，而解欺诈之名耶？总之内人宜来久住。

【解说】 此信作于 1914 年 8 月 11 日。

七

足下速赴沪，将吾所有衣箱、什器、书籍，一概付运送来京。书存哈同花
园者，在其藏经流通处。

【解说】此信作于 1914 年 8 月 16 日。

八

家中书籍，有《问经堂丛书》《大观本草本事方》《二酉山房丛书》《孔巽
轩遗书》《经韵楼丛书》《瑜伽师地论》《唯识撰要》及自著书为要。此皆小
种，易携。

其余多在哈同花园，书亦多缺，唯《守山阁丛书》《艺文类聚》《周礼正
义》《墨子间诂》尚完耳。

仆所作文集，经季刚移写①，甚好。唯箧中尚有改定《訄书》，未能惬
意，今欲重加磨琢，此稿亦望先期带致也。

【解说】此信作于 1914 年 8 月 20 日。

九

前得《文始》三十册，其《小学答问》未见寄来，望为付印寄交。箧中
尚有《訄书》改本，亦望速寄，拟再施笔故也。

【解说】此信作于 1914 年 9 月 3 日。

十

足下总须抵沪一行，劝行者未必有效，而运送物件，非足下亲临不可也。

---

① 移写：犹誊写。

【解说】此信作于 1914 年 9 月 15 日。

十一

康心孚来京，因托其将三百圆带致家中，以作来京之费。

如内人坚意不来，可将二百圆购《频伽藏经》①，并家中残存书籍，及吾旧稿、衣服之类，一百圆运送来京，然此亦必不得已之说，究竟购书亦无借于此也。

【解说】此信作于 1914 年 10 月 7 日。

十二

尔来东警频烦，京师恐将不靖，内人固无庸急于北上，而书籍亦可不必购置。

至内人愤激之情，仆已深晓，前已作书宛转言明，近更作一函，请为加封转寄。且当看东事如何，再定北上南留之计。

【解说】此信作于 1914 年 10 月 9 日。

十三

所有文集及自著书，抄副留杭亦大好，唯《訄书》改本一册，尚未大定，可即抄录大略，原本俟德玄来京时，可速带上，拟再有增修也。北京书籍甚贵，新书又不可得。浙馆近印定海黄氏遗书②，闻甚可观，并局印《论语后

---

① 《频伽藏》，全称《频伽精舍校刊大藏经》，是我国近代出版的第一部铅印本《大藏经》。始刻于 1909 年，完成于 1913 年。发起人为频伽精舍（设在英人哈同的私家花园内）的主人罗迦陵（法名大纶），主持者为镇江金山寺僧宗仰。

② 定海黄氏遗书：指黄以周之著作。黄以周（1828—1899），字元同，号儆季，又号哉生，浙江定海（今属浙江舟山市）人。黄式三子，清代著名学者。曾主讲江阴南菁书院 15 年，江南不少学者出其门下。其最重要的著作为《礼书通故》100 卷，考释中国古代礼制、学制、国封、职官、田赋、乐律、刑法、名物、占卜等，具有较高的学术价值。还著有《子思子辑解》7 卷、《军礼司马法》2 卷、《经训比义》3 卷及《儆季杂著》等。

案》《周季编略》，望各取一部寄来，或交德玄亦可。拙著《小学答问》，版在浙馆，并望刷印三四十部寄致。《藏经》哈同刻本既有删讹，其日本弘教书院本已否卖尽，亦不可知，都下无从访问，浙中日人甚多，望为转询也。

【解说】此信作于 1914 年 10 月 15 日。

十四

所说《丛书》已竣，寄上一部，是否亲见，抑系闻之？通一现得心孚书，亦有是语。但彼辈言语本非可靠，通一亦是大意人，须实见其书，实见其寄，乃可凭信，不然则是一时搪塞之计。又《检论》等原书仍须取还，如有删改，原书具在，可以自印也，千万勿疏为要。

【解说】此信作于 1915 年 11 月 11 日。

十五

据通一来书，知《丛书》甚风行，甲种一千部即连史①印者。已销尽，则知乙种二千，其销亦速。足下来书云，图书馆寄售者滞销，盖因浙中朋友知其有误字耳，非普遍于全国也。目下不须与算帐，但以连史、有光②三千部，计连史售六圆，得六千；有光售四圆，得八千，合之为一万四千。除原用工费六千，当赢八千；四分之，须二千圆。如一时不能如数，可先交千圆，其一千圆则以明年十二月底为期可也。据通一书言，拟再版；若非畅销，必不为此。其帐只是花帐③，可不必观也。

【解说】此信作于 1915 年 12 月 8 日。

---

① 连史：纸张名称，原称连四纸、绵连四纸，后讹称连史纸。产于江西、福建等省。原料用竹。纸质细，色白，经久不变。旧时，凡贵重书籍、碑帖、书画、扇面等多用之。
② 有光：纸张名称，一面光一面毛的纸。质薄而脆，可用作单面书写或印刷。又称油光纸。
③ 花帐：虚报的帐目。

十六

未生足下：

前有一函寄上海旅馆，想已收到。心如处款果如何？闻彼又拟再版，而此书错乱百出，校亦难清，已书致通一，令将原稿归足下处。大抵心孚兄弟性本欺诈，果于赖债。今即使彼再版，必不如数交款，而书终非精校，进退无益也。若二千之数绝无眉目，宜直往取书，断不可稍带客气也。今时所要者，首在自达其志，志愿成遂则足矣。亡女开吊闻在近日。黎公屡次愆期①，亦由彼心绪恶劣之故。近日政府唐突，授以大封，闻参谋部员全体往贺，坚拒不见，此为可取，要亦羝羊触藩②之势耳。仆夜梦荒诞，依前不减，此事亦乐之，知人世本不能久居，何异于死。好在文成③后裔已以葬地相许，图契皆可寄来。致远归，托其税契，所需地价二十四圆，一时难寄，望先垫交致远。窀穸④已成，安坐以待可矣。药肆事经画如何，望再告。

章炳麟白
十九日

【解说】此信作于 1915 年 12 月 19 日。

十七

心如处已交来五百圆，想上海家用足支半年。彼欲作甲种再版亦好，但《检论》既可木刻，原稿须速取回。仆处虽有校本，而彼此邮寄，殊属不便。今以原稿存杭，初校、再校即据之互对，终校则取刻本寄京，而仆以自所校本覆对，如此邮寄，不须在杭初校，再校亦有所据，此为至便矣。《国故论衡》原稿

---

① 愆（qiān）期：误期，失期。《周易·归妹》："归妹愆期，迟归有待。"《诗经·卫风·氓》："匪我愆期，子无良媒。"

② 羝（dǐ）羊触藩：出自《周易·大壮》："羝羊触藩，羸其角。不能退，不能遂。"羝羊，公羊；触，抵撞；藩，篱笆。意思是说公羊用角顶篱笆，被篱笆缠住，进退不得。后用以比喻进退两难。

③ 文成：即刘伯温，死后谥号为"文成"。

④ 窀（zhūn）穸（xī）：墓穴。

亦当取回存杭。此书之作，较陈兰甫《东塾读书记》过之十倍，必有知者，不烦自诩也。《检论》成后，此书亦可开雕，大略字数与《检论》相等。十二万余字。幸有杨惺吾所教刻工，以此付之最善矣。《文集》且俟后议，大氐《别录》一种，不烦亟印；《文录》约亦十一二万字，错误甚多，未及校理，如欲动工，必在明年年底矣。商务合股经营甚好。医药著述，仆前此曾有数篇，亦未甚精。医药新闻恐难着手。盖精医者甚少，如彼五行六气之论，徒令人厌笑耳。中国今日未必无良医，但所谓良医者，亦但富于经验，而理论则踬[①]焉。恐笔端必有五行六气[②]字样，欲免此者万无一二也。鄙意良方可制，而新闻难作。若夫药物出产，古方治效，此或可登之新闻，而药性亦不可依于纲目，以其好用五行附会。唯《大观本草》可用耳，今日有审慎之医则能言之，非者亦不能也。

【解说】此信作于 1915 年 12 月 23 日。

十八

前书论商业事，诚然诚然[③]。结帐以后，依足下意写立合同耳。笕桥[④]买地，鄙意以为未可。处乱世宜立定主意，可作生意，不可营实业；可置动产，不可置不动产。所以然者，欲此一身不受系缚耳。通一处《检论》《国故论衡》二稿宜即往取，阴历春间可付刻也。杜子远[⑤]归青田，托彼税契，未知已将原契寄回否？如尚未到，望函问之。

仆近身体尚安，唯思想不断，一日寂静之境，但有一点钟耳。患梦亦尚如故，久亦习以为常，不复怪矣。此种颠倒妄觉，总由三昧[⑥]未成，习气[⑦]难

---

① 踬（zhì）：低劣。
② 五行六气：五行，金木水火土；六气，有多种说法，或指自然气候变化的六种现象，即阴、阳、风、雨、晦、明；或指好、恶、喜、怒、哀、乐六情；或指寒、热、燥、湿、风、火六种症候；或指人体内的精、气、津、液、血、脉。五行六气都是中医学说的重要理论依据。
③ 诚然：确实如此。
④ 笕桥：在今杭州市江干区。
⑤ 杜子远：即杜持。章太炎曾致信杜持，通过他希望能获得刘伯温后人同意自己将来安葬在刘伯温墓旁。
⑥ 三昧：佛教语。梵文的音译。又译"三摩地"，意译为"正定"。谓屏除杂念，心不散乱，专注一境。
⑦ 习气：佛教语。谓烦恼的残余成分。佛教认为一切烦恼皆分现行、种子、习气三者，既伏烦恼之现行，且断烦恼之种子，尚有烦恼之余气，现烦恼相，名为"习气"。

断。图书馆所藏书籍，如有张九成《语录》《论语解》，张九成，字子如，号无垢，南宋人。杨简《甲乙稿》《己易》杨简通称慈湖，南宋人。二书，望欲借观。二公皆浙中英杰，亦不谓我不如，但以其在理学部中无理气①等障碍，故欲为表彰耳。

【解说】此信作于 1916 年 2 月 1 日。

十九

药业组织如何？望即晓示。

《检论》《国故论衡》原稿，望速向通一处取木版精印。

【解说】此信作于 1916 年 2 月 14 日。

---

① 理气：中国哲学的一对基本范畴。"理"指事物的条理或准则，"气"指一种极细微的物质。宋以后，理气关系问题成为哲学中两种观点争论的中心。

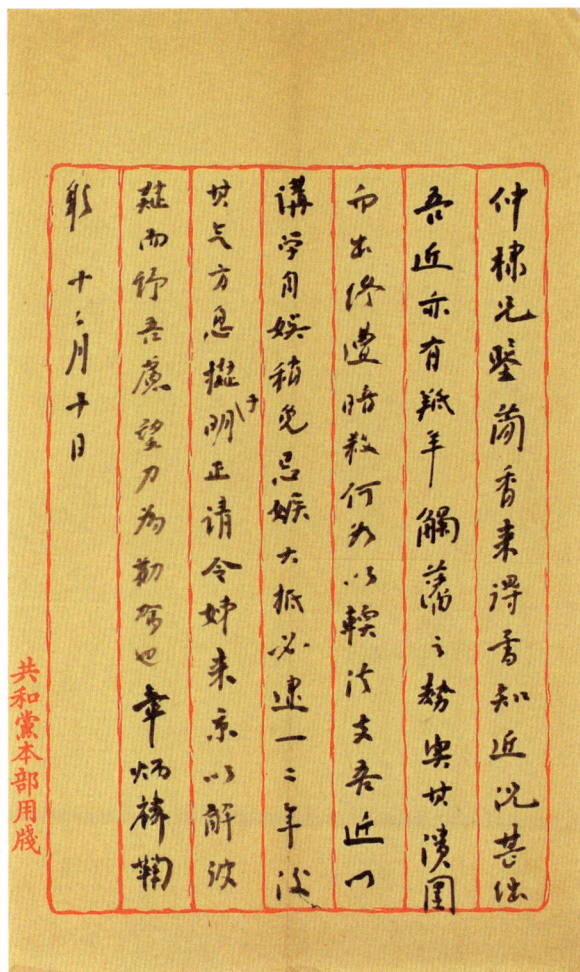

仲棣光鑒 簡香來得香知近況甚善也

吾近亦有數年隔藩之勞實甚澧園

而出洋遣時教何為以頼汝支吾近一

講學月娛稍免忌娛大抵必速一二年沒

甚乏方思擬明正請令姊來京以解汝

難而竹垞意廣望乃為勒筆也 章炳麟頓

郭 十二月十日

共和黨本部用牋

章太炎致汤仲棣信（1913 年 12 月 10 日）

与妻弟汤仲棣

一

仲棣兄鉴：

蔺香来，得书知近况甚绌。吾近亦有羝羊触藩之势。与其溃围而出，终遭暗杀，何如以软法支吾①。近以讲学自娱，稍免忌嫉。大抵必逮一二年后，其气方息。拟于明正②请令姊来京，以解彼疑，而纾吾虑。望力为劝驾也。

章炳麟鞠躬

十二月十日

【解说】此信作于 1913 年 12 月 10 日。

二

仲棣兄如握：

阔别岁余，人事变幻，前月始稍复旧。近迁新寓，花木亦尚可观。本月一日以来，副总统为之关说，用款亦有着落。而令姊濡滞沪滨，未获共尝甘苦，相望甚殷。虽黎公亦颇焦急也。近得令姊来书，知有同意，而太夫人旧患未除，颇复依依膝下。弟意令姊前来则芥蒂可以尽释。高堂奉养，兄与令妹足尽欢娱，以应劝令启行，以慰悬念。且今当事蓄疑，涣然冰释。都下早

---

① 支吾：对付；应付。

② 明正：明年正月。

凉，此时已不似南中之热，途中亦非甚苦。现尚余旅费三百元在家，可供车费。紧要物件可自带，余托轮船运送。此项亦出自当涂。吾辈正欲解疑，甚不可向彼失信也。望将此情转告令姊，早来一日，即纾一日之忧。此问起居万福。

姊婿章炳麟鞠躬
八月二日

【解说】此信作于 1914 年 8 月 2 日。

附　　录

章 太 炎 遗 嘱

余自六十七岁以来，精力顿减，自分不过三年，便当长别，故书此遗命，以付儿辈。

凡人总以立身为贵，学问尚是其次，不得因富贵而骄矜，因贫困而屈节。其或出洋游学，但有资本者皆可为之，何足矜异？若因此养成傲诞，非吾子也。入官尤须清慎。若异族入主，务须洁身。

余所有书籍，虽未精美，亦略足备用，其中明版书十余部，且弗轻视，两男能读则读之，不能读，亦不可任其蠹坏。当知此在今日，不过值数千金，逮子孙欲得是书，虽挥斥万金而不足矣。

余所自著书，《章氏丛书》连史、官堆各一部，《续丛书》凡十余部，《清建国别记》亦尚存三四部，宜葆藏之勿失。

余所有勋位证书二件及勋位金章二件，于祭祀时列于祭器之上，纵使国失主权，不可遗失。

余所有现款在上海者，及银行股本在上海者，皆预用导、奇两男名字，此后即按名分之可也。丧葬费当以存上海储蓄银行之万二千圆供之。其中有二千圆，当取以偿锋民。另以存浙江兴业银行之万圆用方定氏名者分与珽女。其余杭泰昌有股本八百圆，既署匡记，即归导有之。

余房屋在苏州者，王废基一宅，导、奇两男共之。其侍其巷一宅，可即出卖，未出卖前，亦由导、奇两男共之。

余田产在余杭者，不过三十亩有奇，导、奇两男共之。

余于器玩素不属意。铜器惟秦权一枚、虎镎一具为佳，别有秦诏版一具，

章太炎遺囑

章太炎遗嘱

秦铁权三具，诏版可信为真耳。瓷器皆平常玩物，惟明制黄地蓝花小瓶，乃徐仲荪所赠，明制佛像乃杨昌白所赠，视之差有古意。玉器存者虽多，惟二琮最佳，又其一圜者，乃瑗之类，亦是汉以上物，螭虎一具，乃唐物也。古钱亦颇丛杂，惟王莽六泉、十布，差足矜贵。在川曾得小泉一挂，约六十枚，此亦以多为佳耳。端砚今只存一方。其余器玩，不足缕述。以上诸器，两男择其所爱可也。惟龙泉窑一盘，以是窑系宋时章氏所营，宜归之祭器。

民国廿四年七月，太炎记，时年六十八。

章 氏 家 训

章太炎录

妄自卑贱，足恭谄笑，为人类中最备下者。吾自受业亲教师外，未尝拜谒他人门墙，尔曹当知之。

人心妒媚，常不能绝，上者忌功害能，其次以贫贱富贵相校，常生忮心，甚乃闻人丧败，喜溢眉宇，幸灾乐祸，祸亦随之。夫以高才不过发愤刺世者，犹多失于中道，况人己相衡，本无短长乎。吾德量不足言，独于此脱然。

师之尊严，无间高下，传道解惑，以至授文字教方名者，彼学虽有高下，其为我师一也。尔曹造次谈论，常称师字，当戒之。

吾家旧有藏书，遭兵散尽，今不过千卷书耳。然群经四史、周秦诸子、《文选》等，亦尚完具，少年读书，得此粗足也。

精研经训，博观史书，学有成就，乃曰名士。徒工词章，尚不足数，况书画之末乎？然果专心一艺，亦足自立，若脱意为之，以眩俗子，斯所谓斗方名士，慎勿坠入。

吾少师钱塘毛先生。先生年六十余，谙习注疏，而未尝著书。尝授《诗正义》，吾案头，去师丈许，执卷对视，无一语遗失者。先辈精勤如此，尔曹自谓穷经，不过刺取数百事，何不务求根柢也。

陆三鱼学甚朴实，其后言宋学者，往往冥心孤坐，有似禅人。吾少亦习之。古圣哲不为是也。然于养生去烦，则切矣。

曲园设教诂经精舍，吾尝为之监院，相处数岁。今闻其茹蔬念佛，贤士

章太炎《家训》手迹

晚节，往往至此。吾中年颇好禅学，比者结习都尽，然未能廓如也。尔观昌黎《原道》诸书，遂若牢不可破者，所谓知其一不知其二。

吾少诵竹垞、初白诗，尤喜初白言似淡泊，而锤炼独至。今观人诗，当此者少。

吾家世授医术，然吾未能工也。薛大使宝田、仲征君学辂，皆精解汉唐方论，故治病多效。尝记在粮储署，有一更夫患伤寒甚笃，吾断为结胸，而不敢下药，令求薛君，一服即愈。视其方，乃直录大陷胸汤。仲君为人治霍乱，亦不过四逆理中。夫诊断明白，方书具在，人能用而吾不能用者，以素未精治，惧其冒昧耳。

张景岳医术，日被叶香岩剿剥，学习者少。然沈笃之候，效香岩者多不能起，而效景岳者反能之，以此知才有钜细矣。

吾少侍项梅侣先生，知其精治算术，以至病悸，故于此术有戒心。然为之固有用。

浙东上游民性朴醇，敬老慈幼，有古人风。至于学术文章，不逮浙西。二者兼至，唯宁波、台州，勿以台州多盗轻其士大夫也。

吾先世皆以深衣殓，吾死，弗袭清时衣帽。

若天文推步，用力多而为益少矣。

君子行礼，不求变俗。送终有斋醮卜葬，有堪舆，吾不坚信，亦未尝杜绝也。尔性好裁断，多多所坚拒，甚无谓也。

友人来书，善者当宝藏之。子孙愚暗，亦资训戒；子孙高材，吾友或因以传世。

《章太炎先生家书》叙言

章太炎（一八六九※——一九三六）先生家书八十四通，起一九一三年八月，讫一九一六年六月，值"二次革命""云南起义"诸役，先生为袁世凯羁禁于北京时之手迹也。

史称"二次革命"者，讨袁之役也。其事发难于湖口，宁、沪响应，不旋踵，革命军为北军挫败，中山先生与黄克强等亡命日本，由是袁氏称帝之野心益暴露，大捕党人，罗织迫害，人心惶恐，举国沸然。时先生居上海，独不避艰险，极力抨击，口诛笔伐，以警国人！既而北京共和党函电交驰，促先生北上，谓国民、共和两党愿释旧嫌，同舟共济，情甚切迫。先生乃告余曰："袁氏与民党破裂，南军既无能为，无所顾忌，其势必张，政局将有剧变，我等非亡命海外，不能避其凶焰。但中国既光复，犹求庇异邦，我不欲为。党务既有可为，应挽此危局。我行有期，且勿外泄！我未归，子勿返浙江，以防事出意外，于我有牵制也！"余曰："袁氏岂甘心于君邪？"先生毅然曰："事出非常，明知虎穴，义不容辞，我志已决，子毋多虑！"遂匆匆首途。此一九一三年季夏事也。

先生既抵北京，见袁氏气焰嚣张，而民党飘摇涣散，不保旦夕，知事不可为，意欲南归，然已为监视矣。当局初以甘言相欺，爵禄为饵，先生均不之顾。继乃加以胁迫，先生愤甚，直诣总统府，欲与面质，袁氏拒不延见；警吏复词色傲慢，乃怒掷其座上茶具，遂被曳出，禁锢于军事废校中，旋徙龙泉寺。至六月，先生所携资用已尽，拒不受袁氏供给，愤而绝食，驰电与余诀别。是时，京、沪已有传其事者。广州黄晦闻节闻而首先致书当道，道不平。中外报纸亦渐披露其事。乡人马夷初叙伦乃婉为劝解竟日，先生始允进食。一九一四年夏，再迁先生于钱粮胡同，阍人厨司皆为当局所派，宾客往访，除国际友人外，非持警厅凭证皆不得人，书信往还必经警厅检查，而于家书尤为严密。是先生之被困于袁氏，何异在缧绁之中哉！

其时，余仍居上海，袁氏为谋久羁先生，乃诱胁其接眷入京。于是常有自称为章先生门人或至友者来，或问余通讯情况，或愿代递秘密信件，意似殷勤。但余与先生结婚仅逾月而别，初未识其所谓至友与门人，亦无秘密信件之待寄，故惟唯唯而已。后有《大共和报》《神州日报》程某、蔡某迭造我门，告曰："章先生已得当局谅解，且将畀以要职，车马洋房均已布置就绪，先生亦乐于接受，惟当局必须家属到京，方克成事，故望夫人能早日成行耳。"言颇不伦，益增疑惧。盖促余北上者，欲以此息先生南归之念，以掩其幽禁之名耳。且亦有闻，袁氏以余尝参与革命运动，与民党间有过从，汲汲焉促余北上，亦袁氏老谋深算、芟草务尽之计也。是故对移家北京事，余与先生有不同之顾虑。家书中时而迫切相召，时而戒不宜行，正所以见先生处境之艰危，心绪之紊乱也。余则深知委曲之不能求全也，北行既无益，抑且徒增先生之累，故屡请其勿以家属为念；而对彼甘言利诱，亦唯置之不理而已矣。先生数谋出走，终未遂。尝有日本军官某邀与同行，已抵车站，突为便衣警拦阻，且劫去其常佩之汉玉及结婚指环，拥至警厅，迫令回寓。由是知袁氏防闲之密、猜忌之深也。

　　先生有女三人，长㶅、次㴑、次㺝。丧母后，均依其伯父居。一九一〇年，㶅适嘉兴龚宝铨，宝铨字未生。一九一五年春，㶅偕未生及妹㺝入京省父，疑孝思颇笃，见其父之困踬忧愤，乃极意承欢，饮食医药，无不周至。顾其心危虑深，居恒辄郁郁也！留五月，其姑驰书召归，㶅既不忍远离父侧，又不欲重违姑意，自此益忧形于色！行有日矣，竟自缢于卧室，平旦发觉，已不救。噫，致之死也，非袁氏杀之其谁邪！杀之而不血刃，何其酷邪！疑之死，日本报纸首先披露，而误以死者为先生。余急电问安，先生复电曰："在贼中，岂能安！"自此余与先生危虑益深，有不知旦暮之惧，相与慰藉者，惟一纸家书、两字平安耳。

　　念先生从事革命，出生入死者数十年，志节文章，世所共钦，固不待此家书而传焉。顾余之珍重此家书者，期与先生相见时，作共诉甘苦之印证；留示子孙，使知先人富贵不淫，威武不屈之气节；传之社会，可觇专制统治者之蛮横暴戾。然则此家书亦史书也。

　　余行年八十，而先生谢世亦二十有五年矣。余藏此家书手稿于笥箧者垂五十年，其间家国多难，辗转流徙，幸未散失，每一展读，如睹光仪，如聆謦欬，前尘往事，宛在心目！今届辛亥革命五十周年，爰以此先生反对帝制时之家书手稿全帙，略按年月编次，交中华书局上海编辑所照原式影印，刊布于世，俾治史者之考览焉。

　　　　　　　　　　　一九六一年之冬，汤国梨写于苏州寓庐。

※ 附注：据《太炎先生自定年谱》，先生生于清同治七年（一八六八）十一月三十日，合阳历为一八六九年一月十二日。此书用公元纪年，故作一八六九年。

后　　记

　　最初动了给章太炎的家书作注释的念头，缘于编辑《章太炎全集·书信集》。当时感觉有些文字似乎不太好理解，以为或许有误，但仔细一查，却发现是用了典故。可见对古典文化不熟悉，即使是章太炎给家人的书信，也不那么容易看懂。而章太炎在信中对夫人深情款款，呈现出我原来认识之外的章太炎形象，更让我产生将这一部分单独注出的冲动。

　　从疏通文义、注明用典的角度来说，本以为给章太炎的家信作注释作解说并不会特别困难。可真正做起来，却发现其中涉及大量近代史事与人物，这几乎是我完全不熟悉的领域。勉力为之，不免忐忑，如果其中有讹误，切盼读者不吝指正。而对这一时期章太炎行踪的描述，多参考汤志钧《章太炎年谱长编》（增订本），陈平原、杜玲玲编《追忆章太炎》（修订本），戴海斌《袁世凯软禁章太炎事迹考》，是需要特别说明的。

　　章太炎被袁世凯软禁在北京期间致夫人汤国梨的信，汤先生曾排定日期，以往《书信集》或其他材料如《章太炎年谱长编》等，皆遵之无疑。但此次我在注释之时，详绎文义，比对前后信件及相关史事，颇有不惬于心者，于是重作编排，自以为较原来相对合理。限于体例，书中对于重排之根据，未曾详加论述，只是对部分信件略作说明。其究竟准确与否，尚需进一步检验。

　　由于是第一次做相关工作，个人学识又很有限，书中或有不当之处，尚祈读者不吝指正。

图书在版编目(CIP)数据

章太炎家书/张钰翰编著.—上海:上海人民出
版社,2019
(杭州全书/王国平总主编.余杭丛书)
ISBN 978-7-208-16122-1

Ⅰ.①章… Ⅱ.①张… Ⅲ.①章太炎(1869-1936)
-书信集 Ⅳ.①B259.25

中国版本图书馆 CIP 数据核字(2019)第 219311 号

责任编辑 高笑红
封面设计 汪 昊

杭州全书·余杭丛书

章太炎家书

王国平 总主编 张钰翰 编著

出 版 上海人民出版社
　　　　 (200001 上海福建中路 193 号)
发 行 上海人民出版社发行中心
印 刷 浙江新华数码印务有限公司
开 本 720×1000 1/16
印 张 11.75
字 数 157,000
版 次 2019 年 11 月第 1 版
印 次 2019 年 11 月第 1 次印刷
ISBN 978-7-208-16122-1/K·2900
定 价 68.00 元

《杭州全书》

"存史、释义、资政、育人"
全方位、多角度地展示杭州的前世今生

杭州全书

杭州文献集成	杭州丛书	杭州通史	杭州辞典	杭州研究报告
西湖文献集成	西湖丛书	西湖通史	西湖辞典	西湖研究报告
西溪文献集成	西溪丛书	西溪通史	西溪辞典	西溪研究报告
运河（河道）文献集成	运河（河道）丛书	运河（河道）通史	运河（河道）辞典	运河（河道）研究报告
钱塘江文献集成	钱塘江丛书	钱塘江通史	钱塘江辞典	钱塘江研究报告
良渚文献集成	良渚丛书	良渚通史	良渚辞典	良渚研究报告
湘湖（白马湖）文献集成	湘湖（白马湖）丛书	湘湖（白马湖）通史	湘湖（白马湖）辞典	湘湖（白马湖）研究报告

《杭州全书》已出版书目

文献集成

杭州文献集成

1.《武林掌故丛编（第1—13册）》（杭州出版社 2013 年出版）
2.《武林往哲遗著（第14—22册）》（杭州出版社 2013 年出版）
3.《武林坊巷志（第23—30册）》（浙江人民出版社 2015 年出版）
4.《吴越史著丛编（第31—32册）》（浙江古籍出版社 2017 年出版）
5.《咸淳临安志（第41—42册）》（浙江古籍出版社 2017 年出版）

西湖文献集成

1.《正史及全国地理志等中的西湖史料专辑》（杭州出版社 2004 年出版）
2.《宋代史志西湖文献专辑》（杭州出版社 2004 年出版）
3.《明代史志西湖文献专辑》（杭州出版社 2004 年出版）
4.《清代史志西湖文献专辑一》（杭州出版社 2004 年出版）
5.《清代史志西湖文献专辑二》（杭州出版社 2004 年出版）
6.《清代史志西湖文献专辑三》（杭州出版社 2004 年出版）
7.《清代史志西湖文献专辑四》（杭州出版社 2004 年出版）
8.《清代史志西湖文献专辑五》（杭州出版社 2004 年出版）
9.《清代史志西湖文献专辑六》（杭州出版社 2004 年出版）
10.《民国史志西湖文献专辑一》（杭州出版社 2004 年出版）
11.《民国史志西湖文献专辑二》（杭州出版社 2004 年出版）
12.《中华人民共和国成立 50 年以来西湖重要文献专辑》
　　（杭州出版社 2004 年出版）
13.《历代西湖文选专辑》（杭州出版社 2004 年出版）
14.《历代西湖文选散文专辑》（杭州出版社 2004 年出版）

15.《雷峰塔专辑》（杭州出版社 2004 年出版）

16.《西湖博览会专辑一》（杭州出版社 2004 年出版）

17.《西湖博览会专辑二》（杭州出版社 2004 年出版）

18.《西溪专辑》（杭州出版社 2004 年出版）

19.《西湖风俗专辑》（杭州出版社 2004 年出版）

20.《书院·文澜阁·西泠印社专辑》（杭州出版社 2004 年出版）

21.《西湖山水志专辑》（杭州出版社 2004 年出版）

22.《西湖寺观志专辑一》（杭州出版社 2004 年出版）

23.《西湖寺观志专辑二》（杭州出版社 2004 年出版）

24.《西湖寺观志专辑三》（杭州出版社 2004 年出版）

25.《西湖祠庙志专辑》（杭州出版社 2004 年出版）

26.《西湖诗词曲赋楹联专辑一》（杭州出版社 2004 年出版）

27.《西湖诗词曲赋楹联专辑二》（杭州出版社 2004 年出版）

28.《西湖小说专辑一》（杭州出版社 2004 年出版）

29.《西湖小说专辑二》（杭州出版社 2004 年出版）

30.《海外西湖史料专辑》（杭州出版社 2004 年出版）

31.《清代西湖史料》（杭州出版社 2013 年出版）

32.《民国西湖史料一》（杭州出版社 2013 年出版）

33.《民国西湖史料二》（杭州出版社 2013 年出版）

34.《西湖寺观史料一》（杭州出版社 2013 年出版）

35.《西湖寺观史料二》（杭州出版社 2013 年出版）

36.《西湖博览会史料一》（杭州出版社 2013 年出版）

37.《西湖博览会史料二》（杭州出版社 2013 年出版）

38.《西湖博览会史料三》（杭州出版社 2013 年出版）

39.《西湖博览会史料四》（杭州出版社 2013 年出版）

40.《西湖博览会史料五》（杭州出版社 2013 年出版）

41.《明清西湖史料》（杭州出版社 2015 年出版）

42.《民国西湖史料（一）》（杭州出版社 2015 年出版）

43.《民国西湖史料（二）》（杭州出版社 2015 年出版）

44.《西湖书院史料（一）》（杭州出版社 2016 年出版）

45.《西湖书院史料（二）》（杭州出版社 2016 年出版）

46.《西湖戏曲史料》（杭州出版社 2016 年出版）

47.《西湖诗词史料》（杭州出版社 2016 年出版）

48.《西湖小说史料（一）》（杭州出版社 2016 年出版）

49.《西湖小说史料（二）》（杭州出版社 2016 年出版）

50.《西湖小说史料（三）》（杭州出版社 2016 年出版）

西溪文献集成

1.《西溪地理史料》（杭州出版社 2016 年出版）
2.《西溪洪氏、沈氏家族史料》（杭州出版社 2015 年出版）
3.《西溪丁氏家族史料》（杭州出版社 2015 年出版）
4.《西溪两浙词人祠堂·蕉园诗社史料》（杭州出版社 2016 年出版）
5.《西溪蒋氏家族、其他人物史料》（杭州出版社 2017 年出版）
6.《西溪诗词》（杭州出版社 2017 年出版）
7.《西溪文选》（杭州出版社 2016 年出版）
8.《西溪文物图录·书画金石》（杭州出版社 2016 年出版）
9.《西溪宗教史料》（杭州出版社 2016 年出版）

运河（河道）文献集成

1.《杭州运河（河道）文献集成（第 1 册）》（浙江古籍出版社 2018 年出版）
2.《杭州运河（河道）文献集成（第 2 册）》（浙江古籍出版社 2018 年出版）
3.《杭州运河（河道）文献集成（第 3 册）》（浙江古籍出版社 2018 年出版）
4.《杭州运河（河道）文献集成（第 4 册）》（浙江古籍出版社 2018 年出版）

钱塘江文献集成

1.《钱塘江海塘史料（一）》（杭州出版社 2014 年出版）
2.《钱塘江海塘史料（二）》（杭州出版社 2014 年出版）
3.《钱塘江海塘史料（三）》（杭州出版社 2014 年出版）
4.《钱塘江海塘史料（四）》（杭州出版社 2014 年出版）
5.《钱塘江海塘史料（五）》（杭州出版社 2014 年出版）
6.《钱塘江海塘史料（六）》（杭州出版社 2014 年出版）
7.《钱塘江海塘史料（七）》（杭州出版社 2014 年出版）
8.《钱塘江潮史料》（杭州出版社 2016 年出版）
9.《钱塘江大桥史料（一）》（杭州出版社 2015 年出版）
10.《钱塘江大桥史料（二）》（杭州出版社 2015 年出版）
11.《钱塘江大桥史料（三）》（杭州出版社 2017 年出版）
12.《海宁专辑（一）》（杭州出版社 2015 年出版）
13.《海宁专辑（二）》（杭州出版社 2015 年出版）
14.《钱塘江史书史料（一）》（杭州出版社 2016 年出版）
15.《城区专辑》（杭州出版社 2016 年出版）
16.《之江大学专辑》（杭州出版社 2016 年出版）

17.《钱塘江小说史料》（杭州出版社 2016 年出版）
18.《钱塘江诗词史料》（杭州出版社 2016 年出版）
19.《富春江、萧山专辑》（杭州出版社 2017 年出版）
20.《钱塘江文论史料（二）》（杭州出版社 2017 年出版）
21.《钱塘江文论史料（三）》（杭州出版社 2017 年出版）
22.《钱塘江文论史料（四）》（杭州出版社 2017 年出版）
23.《钱塘江水产史料》（杭州出版社 2017 年出版）

余杭文献集成

《余杭历代人物碑传集（上下）》（浙江古籍出版社 2019 年出版）

湘湖（白马湖）文献集成

1.《湘湖水利文献专辑（上下）》（杭州出版社 2013 年出版）
2.《民国时期湘湖建设文献专辑》（杭州出版社 2014 年出版）
3.《历代史志湘湖文献专辑》（杭州出版社 2015 年出版）

丛 书

杭州丛书

1.《钱塘楹联集锦》（杭州出版社 2013 年出版）
2.《艮山门外话桑麻（上下）》（杭州出版社 2013 年出版）
3.《钱塘拾遗（上下）》（杭州出版社 2014 年出版）
4.《说杭州（上下）》（浙江古籍出版社 2016 年出版）
5.《钱塘自古繁华——杭州城市词赏析》（浙江古籍出版社 2017 年出版）

西湖丛书

1.《西溪》（杭州出版社 2004 年出版）
2.《灵隐寺》（杭州出版社 2004 年出版）
3.《北山街》（杭州出版社 2004 年出版）
4.《西湖风俗》（杭州出版社 2004 年出版）
5.《于谦祠墓》（杭州出版社 2004 年出版）

6.《西湖美景》（杭州出版社 2004 年出版）

7.《西湖博览会》（杭州出版社 2004 年出版）

8.《西湖风情画》（杭州出版社 2004 年出版）

9.《西湖龙井茶》（杭州出版社 2004 年出版）

10.《白居易与西湖》（杭州出版社 2004 年出版）

11.《苏东坡与西湖》（杭州出版社 2004 年出版）

12.《林和靖与西湖》（杭州出版社 2004 年出版）

13.《毛泽东与西湖》（杭州出版社 2004 年出版）

14.《文澜阁与四库全书》（杭州出版社 2004 年出版）

15.《岳飞墓庙》（杭州出版社 2005 年出版）

16.《西湖别墅》（杭州出版社 2005 年出版）

17.《楼外楼》（杭州出版社 2005 年出版）

18.《西泠印社》（杭州出版社 2005 年出版）

19.《西湖楹联》（杭州出版社 2005 年出版）

20.《西湖诗词》（杭州出版社 2005 年出版）

21.《西湖织绵》（杭州出版社 2005 年出版）

22.《西湖老照片》（杭州出版社 2005 年出版）

23.《西湖八十景》（杭州出版社 2005 年出版）

24.《钱镠与西湖》（杭州出版社 2005 年出版）

25.《西湖名人墓葬》（杭州出版社 2005 年出版）

26.《康熙、乾隆两帝与西湖》（杭州出版社 2005 年出版）

27.《西湖造像》（杭州出版社 2006 年出版）

28.《西湖史话》（杭州出版社 2006 年出版）

29.《西湖戏曲》（杭州出版社 2006 年出版）

30.《西湖地名》（杭州出版社 2006 年出版）

31.《胡庆余堂》（杭州出版社 2006 年出版）

32.《西湖之谜》（杭州出版社 2006 年出版）

33.《西湖传说》（杭州出版社 2006 年出版）

34.《西湖游船》（杭州出版社 2006 年出版）

35.《洪昇与西湖》（杭州出版社 2006 年出版）

36.《高僧与西湖》（杭州出版社 2006 年出版）

37.《周恩来与西湖》（杭州出版社 2006 年出版）

38.《西湖老明信片》（杭州出版社 2006 年出版）

39.《西湖匾额》（杭州出版社 2007 年出版）

40.《西湖小品》（杭州出版社 2007 年出版）

41.《西湖游艺》（杭州出版社 2007 年出版）

西溪丛书

11.《西溪的桥》（杭州出版社 2012 年出版）

12.《西溪游记》（杭州出版社 2012 年出版）

13.《西溪丛语》（杭州出版社 2012 年出版）

14.《西溪画寻》（杭州出版社 2012 年出版）

15.《西溪民俗》（杭州出版社 2012 年出版）

16.《西溪雅士》（杭州出版社 2012 年出版）

17.《西溪望族》（杭州出版社 2012 年出版）

18.《西溪的物产》（杭州出版社 2012 年出版）

19.《西溪与越剧》（杭州出版社 2012 年出版）

20.《西溪医药文化》（杭州出版社 2012 年出版）

21.《西溪民间风情》（杭州出版社 2012 年出版）

22.《西溪民间故事》（杭州出版社 2012 年出版）

23.《西溪民间工艺》（杭州出版社 2012 年出版）

24.《西溪古镇古村落》（杭州出版社 2012 年出版）

25.《西溪的历史建筑》（杭州出版社 2012 年出版）

26.《西溪的宗教文化》（杭州出版社 2012 年出版）

27.《西溪与蕉园诗社》（杭州出版社 2012 年出版）

28.《西溪集古楹联匾额》（杭州出版社 2012 年出版）

29.《西溪蒋坦与〈秋灯琐忆〉》（杭州出版社 2012 年出版）

30.《西溪名人》（杭州出版社 2013 年出版）

31.《西溪隐红》（杭州出版社 2013 年出版）

32.《西溪留下》（杭州出版社 2013 年出版）

33.《西溪山坞》（杭州出版社 2013 年出版）

34.《西溪揽胜》（杭州出版社 2013 年出版）

35.《西溪与水浒》（杭州出版社 2013 年出版）

36.《西溪诗词选注》（杭州出版社 2013 年出版）

37.《西溪地名揽萃》（杭州出版社 2013 年出版）

38.《西溪的龙舟胜会》（杭州出版社 2013 年出版）

39.《西溪民间语言趣谈》（杭州出版社 2013 年出版）

40.《西溪新吟》（浙江人民出版社 2016 年出版）

41.《西溪商贸》（浙江人民出版社 2016 年出版）

42.《西溪原住民记影》（浙江人民出版社 2016 年出版）

43.《西溪创意产业园》（浙江人民出版社 2016 年出版）

44.《西溪渔文化》（浙江人民出版社 2016 年出版）

45.《西溪旧影》（浙江人民出版社 2016 年出版）

46.《西溪洪氏》（浙江人民出版社 2016 年出版）

运河（河道）丛书

3.《钱塘江金融文化》（杭州出版社 2013 年出版）

4.《钱塘江医药文化》（杭州出版社 2013 年出版）

5.《钱塘江历史建筑》（杭州出版社 2013 年出版）

6.《钱塘江古镇梅城》（杭州出版社 2013 年出版）

7.《茅以升和钱塘江大桥》（杭州出版社 2013 年出版）

8.《古邑分水》（杭州出版社 2013 年出版）

9.《孙权故里》（杭州出版社 2013 年出版）

10.《钱塘江风光》（杭州出版社 2013 年出版）

11.《钱塘江戏曲》（杭州出版社 2013 年出版）

12.《钱塘江风俗》（杭州出版社 2013 年出版）

13.《淳安千岛湖》（杭州出版社 2013 年出版）

14.《钱塘江航运》（杭州出版社 2013 年出版）

15.《钱塘江旧影》（杭州出版社 2013 年出版）

16.《钱塘江水电站》（杭州出版社 2013 年出版）

17.《钱塘江水上运动》（杭州出版社 2013 年出版）

18.《钱塘江民间工艺美术》（杭州出版社 2013 年出版）

19.《黄公望与〈富春山居图〉》（杭州出版社 2013 年出版）

20.《钱江梵影》（杭州出版社 2014 年出版）

21.《严光与严子陵钓台》（杭州出版社 2014 年出版）

22.《钱塘江史话》（杭州出版社 2014 年出版）

23.《桐君山》（杭州出版社 2014 年出版）

24.《钱塘江藏书与刻书文化》（杭州出版社 2014 年出版）

25.《外国人眼中的钱塘江》（杭州出版社 2014 年出版）

26.《钱塘江绘画》（杭州出版社 2014 年出版）

27.《钱塘江饮食》（杭州出版社 2014 年出版）

28.《钱塘江游记》（杭州出版社 2014 年出版）

29.《钱塘江茶史》（杭州出版社 2015 年出版）

30.《钱江潮与弄潮儿》（杭州出版社 2015 年出版）

31.《之江大学史》（杭州出版社 2015 年出版）

32.《钱塘江方言》（杭州出版社 2015 年出版）

33.《钱塘江船舶》（杭州出版社 2017 年出版）

34.《城·水·光·影——杭州钱江新城亮灯工程》（杭州出版社 2018 年出版）

良渚丛书

1.《神巫的世界》（杭州出版社 2013 年出版）
2.《纹饰的秘密》（杭州出版社 2013 年出版）
3.《玉器的故事》（杭州出版社 2013 年出版）
4.《从村居到王城》（杭州出版社 2013 年出版）
5.《良渚人的衣食》（杭州出版社 2013 年出版）
6.《良渚文明的圣地》（杭州出版社 2013 年出版）
7.《神人兽面的真像》（杭州出版社 2013 年出版）
8.《良渚文化发现人施昕更》（杭州出版社 2013 年出版）
9.《良渚文化的古环境》（杭州出版社 2014 年出版）
10.《良渚文化的水井》（浙江古籍出版社 2015 年出版）

余杭丛书

1.《品味塘栖》（浙江古籍出版社 2015 年出版）
2.《吃在塘栖》（浙江古籍出版社 2016 年出版）
3.《塘栖蜜饯》（浙江古籍出版社 2017 年出版）
4.《村落拾遗》（浙江古籍出版社 2017 年出版）
5.《余杭老古话》（浙江古籍出版社 2018 年出版）
6.《传说塘栖》（浙江古籍出版社 2019 年出版）
7.《余杭奇人陈元赟》（浙江古籍出版社 2019 年出版）

湘湖（白马湖）丛书

1.《湘湖史话》（杭州出版社 2013 年出版）
2.《湘湖传说》（杭州出版社 2013 年出版）
3.《东方文化园》（杭州出版社 2013 年出版）
4.《任伯年评传》（杭州出版社 2013 年出版）
5.《湘湖风俗》（杭州出版社 2013 年出版）
6.《一代名幕汪辉祖》（杭州出版社 2014 年出版）
7.《湘湖诗韵》（浙江古籍出版社 2014 年出版）
8.《白马湖诗词》（西泠印社出版社 2014 年出版）
9.《白马湖传说》（西泠印社出版社 2014 年出版）
10.《画韵湘湖》（浙江摄影出版社 2015 年出版）
11.《湘湖人物》（浙江古籍出版社 2015 年出版）
12.《白马湖俗语》（西泠印社出版社 2015 年出版）

13.《湘湖楹联》（杭州出版社 2016 年出版）

14.《湘湖诗词（上下）》（杭州出版社 2016 年出版）

15.《湘湖物产》（浙江古籍出版社 2016 年出版）

16.《湘湖故事新编》（浙江人民出版社 2016 年出版）

17.《白马湖风物》（西泠印社出版社 2016 年出版）

18.《湘湖记忆》（杭州出版社 2016 年出版）

19.《湘湖民间文化遗存》（西泠印社出版社 2016 年出版）

20.《汪辉祖家训》（杭州出版社 2017 年出版）

21.《诗狂贺知章》（浙江人民出版社 2017 年出版）

22.《西兴史迹寻踪》（西泠印社出版社 2017 年出版）

23.《来氏与九厅十三堂》（西泠印社出版社 2017 年出版）

24.《白马湖楹联碑记》（西泠印社出版社 2017 年出版）

25.《湘湖新咏》（西泠印社出版社 2017 年出版）

26.《湘湖之谜》（浙江人民出版社 2017 年出版）

27.《长河史迹寻踪》（西泠印社出版社 2017 年出版）

28.《湘湖宗谱与宗祠》（杭州出版社 2018 年出版）

29.《毛奇龄与湘湖》（浙江人民出版社 2018 年出版）

30.《湘湖图说》（浙江人民出版社 2018 年出版）

研究报告

杭州研究报告

1.《金砖四城——杭州都市经济圈解析》（杭州出版社 2013 年出版）

2.《民间文化杭州论稿》（杭州出版社 2013 年出版）

3.《杭州方言与宋室南迁》（杭州出版社 2013 年出版）

4.《一座城市的味觉遗香——杭州饮食文化遗产研究》
（浙江古籍出版社 2018 年出版）

西湖研究报告

《西湖景观题名文化研究》（杭州出版社 2016 年出版）

西溪研究报告

1.《西溪研究报告（一）》（杭州出版社 2016 年出版）
2.《西溪研究报告（二）》（杭州出版社 2017 年出版）
3.《湿地保护与利用的"西溪模式"——城市管理者培训特色教材·西溪篇》（杭州出版社 2017 年出版）
4.《西溪专题史研究》（杭州出版社 2018 年出版）
5.《西溪历史文化景观研究》（杭州出版社 2019 年出版）

运河（河道）研究报告

1.《杭州河道研究报告（一）》（浙江古籍出版社 2015 年出版）
2.《中国大运河保护与利用的杭州模式——城市管理者培训特色教材·运河篇》（杭州出版社 2018 年出版）
3.《杭州河道有机更新实践创新与经验启示——城市管理者培训特色教材·河道篇》（杭州出版社 2019 年出版）

钱塘江研究报告

《钱塘江研究报告（一）》（杭州出版社 2013 年出版）

良渚研究报告

《良渚古城墙铺垫石研究报告》（浙江古籍出版社 2018 年出版）

余杭研究报告

1.《慧焰薪传——径山禅茶文化研究》（杭州出版社 2014 年出版）
2.《沈括研究》（浙江古籍出版社 2016 年出版）

湘湖（白马湖）研究报告

1.《九个世纪的嬗变——中国·杭州湘湖开筑 900 周年学术论坛文集》（浙江古籍出版社 2014 年出版）
2.《湘湖保护与开发研究报告（一）》（杭州出版社 2015 年出版）
3.《湘湖文化保护与旅游开发研讨会论文集》（浙江古籍出版社 2015 年出版）

4.《湘湖战略定位与保护发展对策研究》（浙江古籍出版社 2016 年出版）

5.《湘湖金融历史文化研究文集》（浙江人民出版社 2016 年出版）

6.《湘湖综合保护与开发：经验·历程·启示——城市管理者培训特色教材·湘湖篇》（杭州出版社 2018 年出版）

7.《杨时与湘湖研究文集》（浙江人民出版社 2018 年出版）

8.《湘湖研究论文专辑》（杭州出版社 2018 年出版）

9.《湘湖历史文化调查报告（上下）》（杭州出版社 2018 年出版）

10.《湘湖（白马湖）专题史（上下）》（浙江人民出版社 2019 年出版）

南宋史研究丛书

1.《南宋史研究论丛（上下）》（杭州出版社 2008 年出版）

2.《朱熹研究》（人民出版社 2008 年出版）

3.《叶适研究》（人民出版社 2008 年出版）

4.《陆游研究》（人民出版社 2008 年出版）

5.《马扩研究》（人民出版社 2008 年出版）

6.《岳飞研究》（人民出版社 2008 年出版）

7.《秦桧研究》（人民出版社 2008 年出版）

8.《宋理宗研究》（人民出版社 2008 年出版）

9.《文天祥研究》（人民出版社 2008 年出版）

10.《辛弃疾研究》（人民出版社 2008 年出版）

11.《陆九渊研究》（人民出版社 2008 年出版）

12.《南宋官窑》（杭州出版社 2008 年出版）

13.《南宋临安城考古》（杭州出版社 2008 年出版）

14.《南宋临安典籍文化》（杭州出版社 2008 年出版）

15.《南宋都城临安》（杭州出版社 2008 年出版）

16.《南宋史学史》（人民出版社 2008 年出版）

17.《南宋宗教史》（人民出版社 2008 年出版）

18.《南宋政治史》（人民出版社 2008 年出版）

19.《南宋人口史》（上海古籍出版社 2008 年出版）

20.《南宋交通史》（上海古籍出版社 2008 年出版）

21.《南宋教育史》（上海古籍出版社 2008 年出版）

22.《南宋思想史》（上海古籍出版社 2008 年出版）

23.《南宋军事史》（上海古籍出版社 2008 年出版）

24.《南宋手工业史》（上海古籍出版社 2008 年出版）

25.《南宋绘画史》（上海古籍出版社 2008 年出版）

26.《南宋书法史》（上海古籍出版社 2008 年出版）

27.《南宋戏曲史》（上海古籍出版社 2008 年出版）

28.《南宋临安大事记》（杭州出版社 2008 年出版）

29.《南宋临安对外交流》（杭州出版社 2008 年出版）

30.《南宋文学史》（人民出版社 2009 年出版）

31.《南宋科技史》（人民出版社 2009 年出版）

32.《南宋城镇史》（人民出版社 2009 年出版）

33.《南宋科举制度史》（人民出版社 2009 年出版）

34.《南宋临安工商业》（人民出版社 2009 年出版）

35.《南宋农业史》（人民出版社 2010 年出版）

36.《南宋临安文化》（杭州出版社 2010 年出版）

37.《南宋临安宗教》（杭州出版社 2010 年出版）

38.《南宋名人与临安》（杭州出版社 2010 年出版）

39.《南宋法制史》（人民出版社 2011 年出版）

40.《南宋临安社会生活》（杭州出版社 2011 年出版）

41.《宋画中的南宋建筑》（西泠印社出版社 2011 年出版）

42.《南宋舒州公牍佚简整理与研究》（上海古籍出版社 2011 年出版）

43.《南宋全史（一）》（上海古籍出版社 2011 年出版）

44.《南宋全史（二）》（上海古籍出版社 2011 年出版）

45.《南宋全史（三）》（上海古籍出版社 2012 年出版）

46.《南宋全史（四）》（上海古籍出版社 2012 年出版）

47.《南宋全史（五）》（上海古籍出版社 2012 年出版）

48.《南宋全史（六）》（上海古籍出版社 2012 年出版）

49.《南宋美学思想研究》（上海古籍出版社 2012 年出版）

50.《南宋川陕边行政运行体制研究》（上海古籍出版社 2012 年出版）

51.《南宋藏书史》（人民出版社 2013 年出版）

52.《南宋陶瓷史》（上海古籍出版社 2013 年出版）

53.《南宋明州先贤祠研究》（上海古籍出版社 2013 年出版）

南宋研究报告

1.《两宋"一带一路"战略·长江经济带战略研究》
（杭州出版社 2018 年出版）

2.《南北融合：两宋与"一带一路"建设研究》（杭州出版社 2018 年出版）

通　史

西溪通史

《西溪通史（全三卷）》（杭州出版社 2017 年出版）

杭 | 州 | 全 | 书